Thank You   :)

D1754969

Das ideale Produkt

Konditorei 1

IMPRESSUM

Herausgeber und Bezugsquelle
Richemont Kompetenzzentrum
Bäckerei Konditorei Confiserie
Seeburgstrasse 51
CH-6006 Luzern

Telefon: +41 (0)41 375 85 85
www.richemont.cc
verlag@richemont.cc

Verfasser
Yves-Alain Braichet, Werner Hürlimann,
Andreas Dossenbach, Richemont Bäckerei- &
KonditoreiTeam

Produkt- und Werkaufnahmen
Robert Baumann, Cornelia Imholz

Koordination und Umsetzung
Maria Krummenacher

Übersetzungen
Christian Jaques, Marco Zandonella

Grafikkonzept
Metapur AG, CH-6331 Hünenberg

Druck
Abächerli Media AG, CH-6060 Sarnen

© 2016 Richemont Komeptenzzentrum, CH-6006 Luzern

Alle Rechte vorbehalten. Ohne schriftliche Genehmigung des Richemont Kompetenzzentrums ist es nicht gestattet, dieses Buch oder Teile daraus im Druck, digital (Internet, Speichermedien) oder auf fotomechanischem Weg (Fotokopie, Mikrokopie usw.) zu vervielfältigen, oder das Werk ganz oder teilweise – auch unter Anagabe der Quelle – zu übersetzen.

Printed in Switzerland

ISBN 978-3-905720-73-0

Das ideale Produkt

Konditorei 1

Richemont

«Qualität ist die Grundvoraussetzung für jedes erfolgreiche Fachgeschäft – machen Sie dabei keine Kompromisse.»

Reto Fries, Direktor

Vorwort

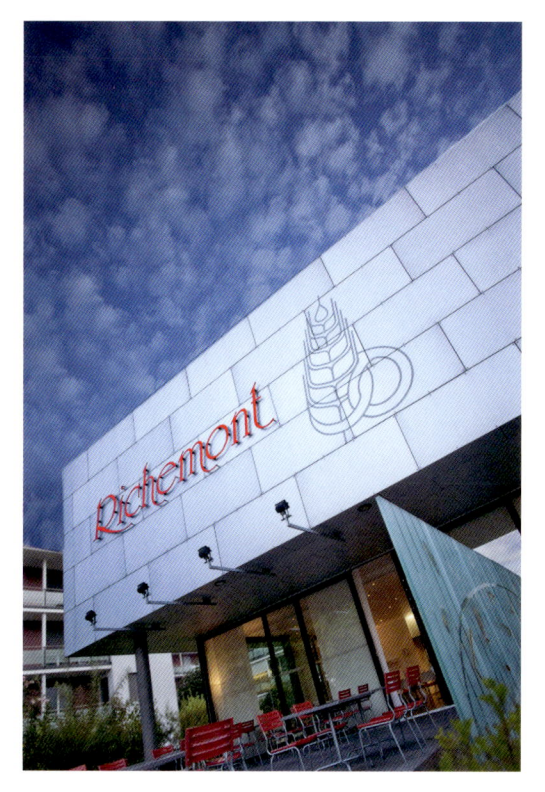

LIEBE LESERIN, LIEBER LESER

Die optimale Produktqualität ist das Ziel eines jeden handwerklichen Betriebes. Das ist gar nicht so einfach, denn ein perfektes Endergebnis unterliegt zahlreichen, wechselseitigen Einflüssen. Ein komplexes Thema, das durch die Verfügbarkeit von qualifiziertem Fachpersonal noch unterstrichen wird.

Mit diesem komplett neu erstellten Werk soll die Lücke zwischen den hohen Anforderungen Ihrer Kundinnen und Kunden sowie dem Wissensstand Ihrer Belegschaft geschlossen werden. Sie lernen, welche Faktoren für eine ideale Produktqualität entscheidend sind, wie Sie diese erreichen, aber auch wie Sie nachhaltig und wirtschaftlich produzieren.

«Das ideale Produkt – Konditorei» in zwei Bänden ist das zweite Fachbuch aus einer Dreierserie (Bäckerei, Konditorei, Confiserie). Es beinhaltet Themen wie Rohstoffanforderungen, Prozesseinflüsse in der Verarbeitung, spezifische Anforderungen der verschiedenen Produktgruppen und vieles mehr. Das einzigartige und unverzichtbare Werk ist systematisch aufgebaut und mit vielen Bildern illustriert. Das Buch deckt typische Halbfabrikats- und Gebäckfehler auf und zeigt Ihnen intuitiv, wie Sie diese vermeiden. Auf Wiederholungen der Prozessschritte der einzelnen Produktgruppen wurde bewusst verzichtet. Stattdessen werden auf mögliche Fehler und Ursachen hingewiesen. So lassen sich allgemein abgehandelte Themen der verschiedenen Halbfabrikate schlussendlich zu einem individuellen Endprodukt zusammenstellen.

Die Qualität ist eine Grundvoraussetzung für jedes erfolgreiche Fachgeschäft – machen Sie dabei keine Kompromisse!

Ich wünsche Ihnen viel Freue, Genuss und Erfolg bei der Umsetzung.

Reto Fries, Direktor

Inhaltsverzeichnis

Vorwort	5
ROHSTOFFE	**9**
Eier und Eiprodukte	10
Zucker, Honig, Zuckeraustauschstoffe und Süssstoffe	20
Mehl/Stärkemehle	36
Fettstoffe	44
Milch- und Milchprodukte	50
Gelier- und Verdickungsmittel	56
Nüsse und Kerne	64
Spirituosen	70
Trieb- und Lockerungsmittel	76

TEIGE	**82**
Hefeteige	**84**
Butterweggli, abgedrückt	86
Butterweggli, geschnitten	92
Semmeli	96
Schlumbergerli	102
Brioche	106
Arbeitstechnik	108
Savarin	109
Tourierte Teige	**112**
Plunderteig	114
Hefekranz	118
Arbeitstechnik	121
Blätterteige	**122**
Deutscher Blätterteig	124
Tempo-Blätterteig	134
Französischer Blätterteig	136
Holländischer Blätterteig	138
Arbeitstechnik	140

Honigteige	**142**
Lebkuchenteig	144
Biberteig	152
Leckerliteig	154
Arbeitstechnik	156
Süsse Butterteige	**158**
Mailänderliteig	160
Mürbteig	166
Zuckerteig	168
Arbeitstechnik	170
Geriebene Teige	**172**
Kuchenteig	174
Pastetenteig	180
Arbeitstechnik	182
Strudelteig	**184**
Strudelteig	186
Arbeitstechnik	191

DAS IDEALE PRODUKT
Rohstoffe

Eier und Eiprodukte	10
Zucker, Honig, Zuckeraustauschstoffe und Süssstoffe	20
Mehl/Stärkemehle	36
Fettstoffe	44
Milch- und Milchprodukte	50
Gelier- und Verdickungsmittel	56
Nüsse und Kerne	64
Spirituosen	70
Trieb- und Lockerungsmittel	76

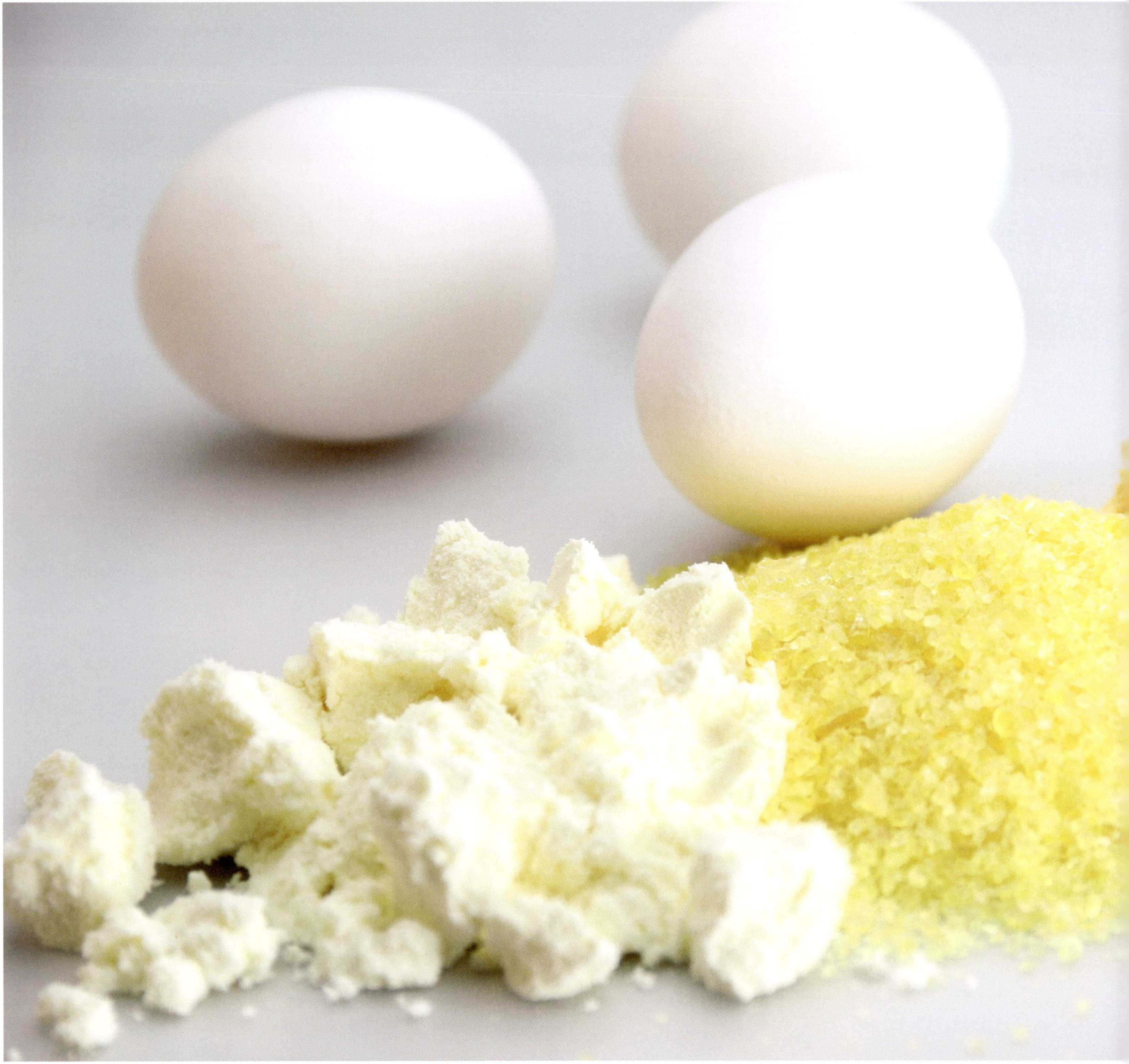

DAS IDEALE PRODUKT
Eier und Eiprodukte

Eigenschaften

ZUSAMMENSETZUNG

	VOLLEI	EIKLAR	EIGELB
Fett	11.2%	0.2%	31.9%
Kohlenhydrate	0.7%	0.7%	0.3%
Protein	12.9%	11.1%	16.1%
Wasser	74.6%	87.7%	50.8%
Mineralstoffe	0.6%	0.3%	0.9%

ENERGIEWERT

JE 100 G	VOLLEI	EIKLAR	EIGELB
kJ	700	226	1578
kcal	167	54	377

EIGENGEWICHT

AUFBAU	GEWICHT
Ganzes Ei	55 g
Kalkschale	5 g
Vollei (Inhalt)	50 g
Eiklar (Eiweiss)	30 g
Dotter (Eigelb)	20 g

Lagerung

LAGERUNG VON VERSCHIEDENEN EIPRODUKTEN

Die Qualität der Eier ist von einer einwandfreien und zweckmässigen Lagerung abhängig. Nur so können qualitativ makellose Produkte hergestellt werden.

LAGERBEDINGUNGEN

Eier werden trocken und kühl bei 2–5 °C gelagert und müssen bis zur Verarbeitung bei dieser Temperatur aufbewahrt werden.

Frischeier können bis 20 Tage nach Legedatum ungekühlt gelagert werden, da sie während der ersten drei Wochen die Fähigkeit besitzen, sich mit den eigenen natürlichen Enzymen gegen die Keimvermehrung zu wehren.

Hinweis

Sollten Eier an der Schale Bruchstellen aufweisen, dürfen sie für die Herstellung von Roheierspeisen nicht mehr verwendet werden. Sie müssen bei der Weiterverarbeitung gebacken oder gekocht werden.

Verarbeitungshinweise

GEFRORENE UND PASTEURISIERTE EIPRODUKTE
Diese sollten vor dem Weiterverarbeiten unbedingt durchmischt werden. Durch die beiden Verfahren entmischen sich die Protein- und Wasserpartikel, was sich negativ auf die Schlagfähigkeit auswirken kann. Bei pasteurisiertem Eiweiss wird zur Verbesserung der Schaumbildung teilweise ein Stabilisator beigegeben.

KONSERVE	PULVER	WASSER	TOTAL	HINWEIS
Kristall- oder Pulvereiweiss	200 g oder 160 g	1000 g oder 840 g	= 1200 g = 1000 g	14.25 % TS 13.68 % TS
Schneepulver	Angaben des Herstellers			
Volleipulver	1000 g	1000 g	= 2000 g	Wasser 25 °C
Eigelbpulver	350 g	1000 g	= 1350 g	Wasser 25 °C

Wird Pulvereiweiss in einer Konzentration von weniger als 13 % Trockensubstanz angerührt, leidet die Stabilität der Schneemasse. Durch den Trocknungsprozess ist die Schlagfähigkeit reduziert. Wenn Kristalleiweiss verwendet wird, ist es wichtig, dass man es über Nacht im Wasser auflösen lässt, damit sich keine Knollen bilden. Bei Pulvereiweiss kann bei guter Durchmischung sofort weitergearbeitet werden.

Hygienischer Umgang

Eier und Eiprodukte zählen zu den hygienisch empfindlichsten Lebensmitteln. Daher müssen folgende Regeln bei der Verarbeitung von eierhaltigen Produkten eingehalten werden, um einer Kontamination und Vermehrung von Salmonellen vorzubeugen:
- Eier und Eiprodukte möglichst kühl und bei konstanter Temperatur lagern.
- Nur so viele Eier aus dem Kühlraum nehmen, wie unmittelbar verarbeitet werden.
- Geöffnete Packungen von pasteurisierten Eiprodukten kühl lagern und möglichst schnell verarbeiten.
- Für die Herstellung von eierhaltigen Produkten, die keiner Erhitzung mehr unterzogen werden, müssen immer pasteurisierte Eier verwendet werden.
- Die Hände vor und nach der Eierverarbeitung desinfizieren.
- Wegen einer möglichen Keimübertragung dürfen während des Arbeitens mit Eiern und Eiprodukten keine anderen Arbeiten verrichtet werden.
- Die aufgeschlagenen Eierschalen nicht mit den Fingern ausstreichen.
- Eier und Eiprodukte nicht in der Nähe von Wärmequellen (z. B. Ofen) aufbewahren.
- Eistreiche täglich frisch zubereiten und kühl bei 2–5 °C lagern.
- Gerätschaften, die Eier verarbeitet haben, immer gründlich reinigen und desinfizieren.

Verwendung des Eies

EMULGATOR

Durch den Lecithingehalt im Eigelb, werden Eier auch als Emulgator verwendet. Ein Emulgator besitzt die Fähigkeit, das sich sonst gegenseitig abstossende Fett und Wasser zu verbinden (emulgieren).

Verwendung

Cremen, Mayonnaise, Saucen etc.

Richtwertmengen für:

Salatsauce:	5 % Eigelb
Mayonnaise:	10 % Eier
Cremen:	8–15 % Eigelb
Biscuitmassen:	30–55 % Eier
Buttermassen:	25–35 % Eier
Buttermassen zum Dressieren:	12–16 % Eier
Creme mit Joghurt oder Quark:	8–10 % Eigelb
Buttercreme:	20–35 % Eier

BINDEMITTEL

Durch den Wärmeeinfluss ab 65 °C zieht das Ei an und koaguliert. Da das Ei ab 85 °C ausflockt und dadurch die Bindefähigkeit verliert, darf es nicht höher erwärmt werden (durch Zuckerbeigabe wird die Temperaturtoleranz erhöht). Wenn pro Ei 20 g Zucker beigegeben wird, verschiebt sich die Koagulationstemperatur um ca. 2 °C nach oben (d. h. bei 87 °C).

Verwendung

Cremen, Güsse, Füllungen, Teige, Massen, Saucen etc.

Richtwertmengen für:

Wähenguss:	35–40 % Eier / 25–30 % Eigelb
Abgekochte Creme:	15–20 % Eier
Fruchtcreme:	20–25 % Eier
Butterteig:	8–12 % Eier
Pastetenteig:	5 % Eigelb
Abgeröstete Masse:	20–30 % Eier / Eiweiss
Makronenmasse:	10–30 % Eiweiss

FÄRBUNGSMITTEL

Da im Eigelb der Farbstoff Carotin vorkommt, wird durch die Beigabe zu Teigen und Massen eine Färbung erzielt. Durch das Bestreichen der Oberfläche mit Ei werden Gebäcke ebenfalls schön gefärbt.

Verwendung

Teige, Massen, Cremen, Gebäcksoberflächen etc.

KLÄRMITTEL

Wird einer trüben Brühe leicht geschlagenes Eiweiss beigegeben und dann erwärmt, zieht das Eiweiss die Trübstoffe an. Diese werden gebunden und können entfernt werden.

Verwendung

Wird eher in der Küche angewendet, z. B. für Brühen, Saucen oder Säfte.

KLEBEMITTEL

Durch seine Streich- und Bindefähigkeit werden Eier, Eiweiss und Eigelb als Klebemittel eingesetzt.

Verwendung

Süsse Butterteige, Pastetenteige, Blätterteige, Hefeteige etc.

LOCKERUNGSMITTEL

Das ganze Ei, das Eiweiss oder das Eigelb können mit Zucker schaumig gerührt werden. Bei einem Verhältnis von 1 : 1 wird folgende Volumenzunahme erzielt:

Vollei	ca. 300 %
Eiklar	ca. 400 %
Eigelb	ca. 200 %

Verwendung

Cremen, Massen, Teige

Richtwertmengen für:

Honigteige:	2–4 % Eier
Biscuitmassen:	30–55 % Eier
Buttermassen:	25–35 % Eier
Buttermassen zum Dressieren:	12–16 % Eier
Schneemassen:	20–50 % Eiweiss
Abgeröstete Masse:	20–30 % Eier / Eiweiss
Makronenmasse:	10–30 % Eiweiss
Schaumcreme:	10–20 % Eiweiss
Buttercreme:	20–35 % Eiweiss

Das ideale Produkt **Konditorei** Eier und Eiprodukte

1 Verwendung des Eies als Emulgator

2 Verwendung des Eies als Bindemittel

3 Verwendung des Eies als Färbemittel

4 Verwendung des Eies als Lockerungsmittel

Eier und Eiprodukte

VERSCHIEDENE EIPRODUKTE IM EINSATZ ALS LOCKERUNGSMITTEL

Volumenzunahme: Liter-Gewicht oder auch Overrun genannt. Die nachfolgenden Tests wurden mit einem feinen Schneebesen und mit mittlerer Geschwindigkeit durchgeführt. Das Ei ist ein Naturprodukt und je nach Fütterung und anderen Einflüssen nicht immer gleich. Diese Tests zeigen klare Tendenzen auf, jedoch können die Angaben gewissen Abweichungen ausgesetzt sein.

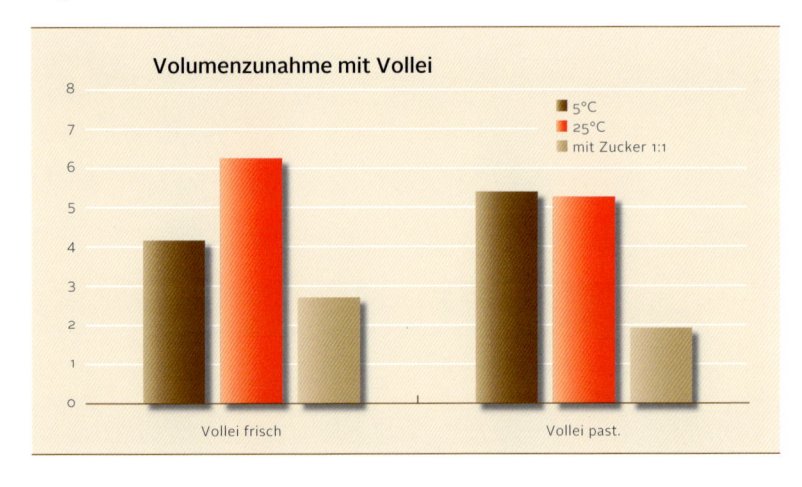

Volumenzunahme mit Vollei
- Das Vollei erreicht nach ca. 12–15 Min. ihr maximales Volumen.
- Frisches Vollei, das ca. 25 °C hat, erreicht schneller und ein grösseres Volumen, als wenn das Ei kalt aufgeschlagen wird.
- Nach ca. 25 Min. verliert das Vollei wieder das Volumen.
- Beim Einsatz von 1 Teil Zucker ist die Volumenzunahme beim Aufschlagen in derselben Zeitspanne ca. halb so gross.

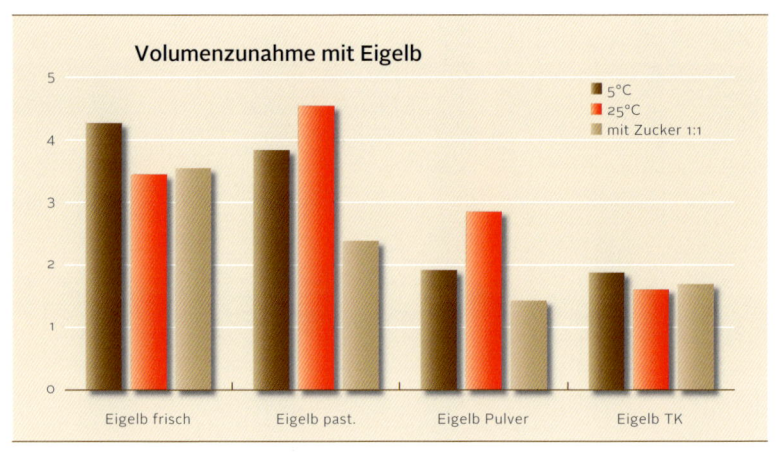

Volumenzunahme mit Eigelb
- Das Eigelb lässt sich durch den hohen Fettanteil am schlechtesten aufschlagen.
- Frisches Eigelb, das kalt aufgeschlagen wird, erreicht das grösste Volumen; das pasteurisierte Eigelb jedoch bei Raumtemperatur.
- TK-Eigelb ist weniger zu empfehlen, da durch das Gefrieren die Aufschlagfähigkeit stark beeinträchtigt wird.

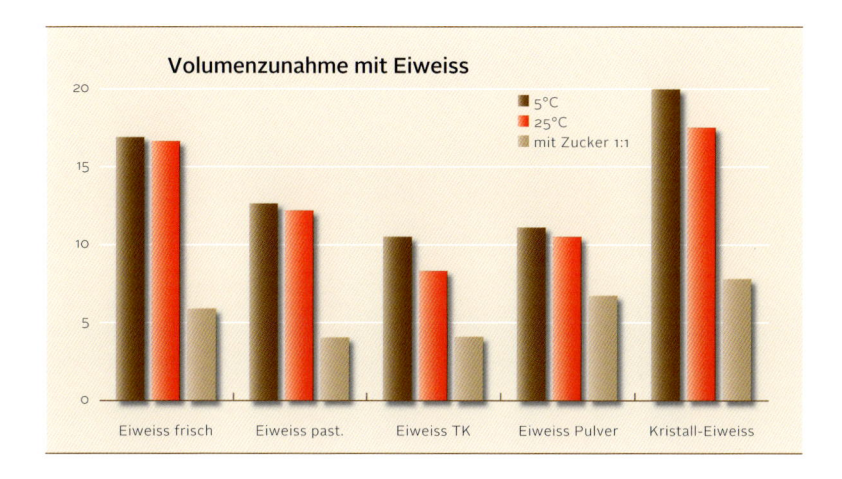

Das ideale Produkt **Konditorei**　　　　　　　　　　　　　　　　　　　　　　　　Eier und Eiprodukte　17

Volumenzunahme mit Eiweiss (Diagramm: 5°C, 25°C, mit Zucker 1:1 für Eiweiss frisch, Eiweiss past., Eiweiss TK, Eiweiss Pulver, Kristall-Eiweiss)

Volumenzunahme mit Eiweiss
- Das grösste Volumen und die beste Stabilität erreicht man mit Kristalleiweiss. Ein weiterer Vorteil von Kristalleiweiss ist die konstante Qualität sowie die Hygiene.
- Je frischer das Eiweiss von Schaleneier, desto grösser das Volumen.
- Das Eiweiss-Pulver flockt weniger schnell aus als frische Eier.
- Je kälter das Eiweiss, desto schneller ist das maximale Volumen erreicht.
- Das Eiweiss fängt nach ca. 12–15 Min. an auszuflocken und kann nicht mehr Luft aufnehmen.
- Je mehr Zucker, desto weniger gross das Volumen, dafür eine feinere, kompaktere und stabilere Struktur.
- Je grösser der Zuckeranteil, desto weniger die Gefahr des Ausflockens.

Aufschlagen von Eiweiss

1 Schwach geschlagenes Eiweiss

2 Stabil geschlagenes Eiweiss

3 Ausgeflocktes/überschlagenes Eiweiss

Beim Aufschlagen von Eiweiss können verschiedene Einflüsse entscheidend sein. Wenn beim Aufschlagen die Masse nicht schaumig wird, könnte es an folgenden Fehlern liegen:
- nicht einwandfreies Eiweiss oder Eigelbrückstände im Eiweiss
- verunreinigte Arbeitsgeräte (Fettrückstände)
- zu stark behandeltes Eiweiss
- zu kleine Geschwindigkeit/grober Besen
- zu frisches Eiweiss
- gefrorenes, pulverisiertes, kristallisiertes und pasteurisiertes Eiweiss zu wenig gemischt
- bei Verwendung von Trocken oder Kristalleiweiss falsches Verhältnis (unter 13% TS)

Negative Einflüsse durch Zusatzstoffe

Eiprodukte, die mit Zitronensäure und weiteren Zusatzstoffen konserviert werden, können Qualitätsprobleme verursachen.

Biscuitmassen
Bei Biscuitmassen können sich die oben erwähnten Zusatzstoffe ebenfalls nachhaltig auswirken.

Krume: sehr grobe, unregelmässige Porung
Krumenstruktur: Biscuit kann während des Backens zusammenfallen und teigige, klebrige Stellen aufweisen.

Durch den Einsatz von behandeltem Mehl (Acerola oder Ascorbinsäure) können diese negativen Einflüsse verstärkt werden.

Korrektur
- Einsatz von unbehandelten Eiprodukten
- Einsatz von unbehandeltem Mehl
- 20–30% des Mehls durch Weizenstärke ersetzen

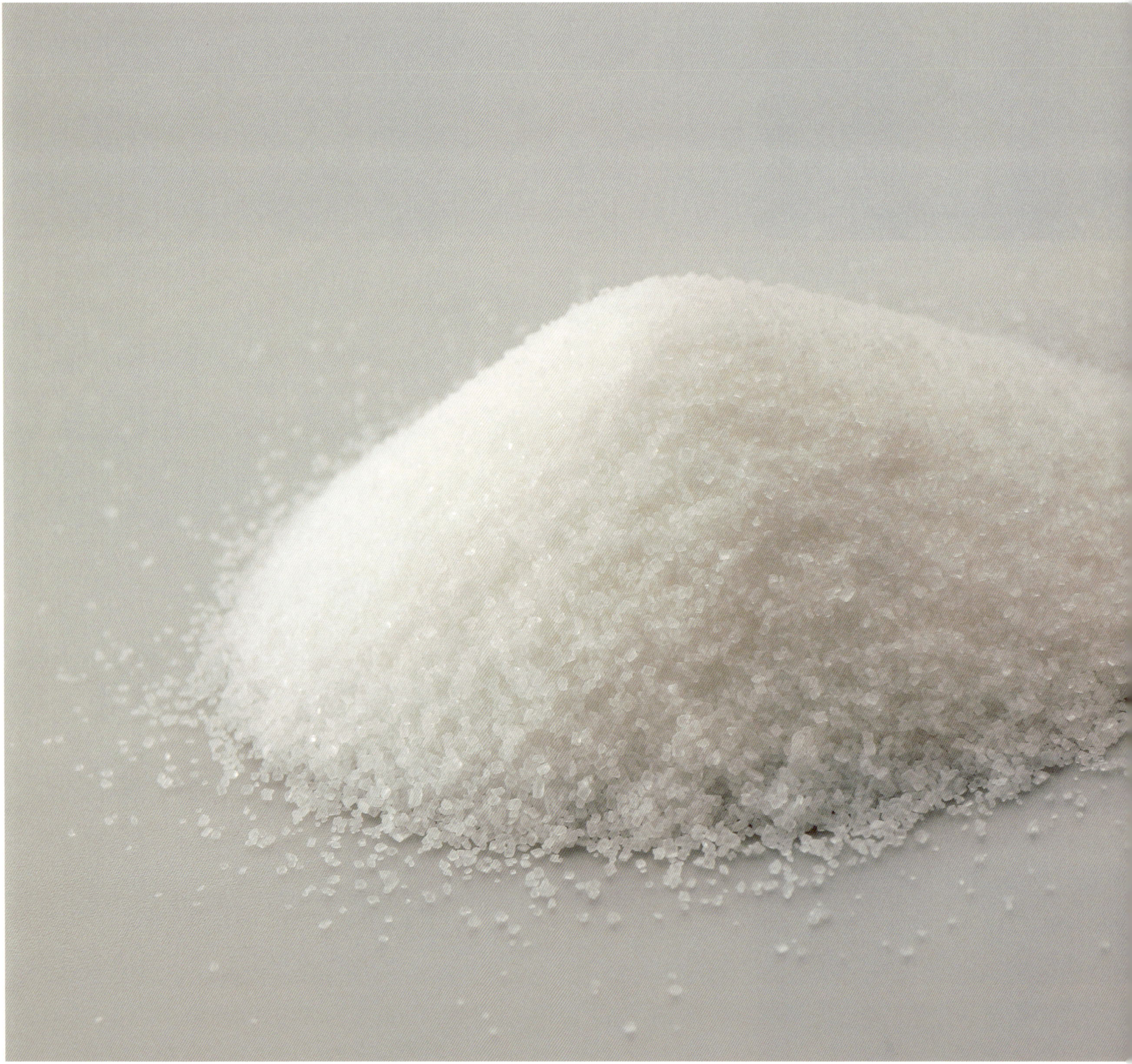

DAS IDEALE PRODUKT

Zucker, Honig, Zuckeraustauschstoffe und Süssstoffe

Zucker

EIGENSCHAFTEN UND DEREN EINFLÜSSE AUF DIE ENDPRODUKTE

Zusammensetzung der Zuckerarten

Der Zucker wird in drei Gruppen eingeteilt:

EINFACHZUCKER (MONOSACCHARIDE)	ZWEIFACHZUCKER (DISACCHARIDE)	MEHRFACHZUCKER (POLYSACCHARIDE)
Besteht aus 1 Monosaccharid	Besteht aus 2 Monosacchariden	Besteht aus 10 oder mehr Monosacchariden
• Glucose (Traubenzucker) • Fructose (Fruchtzucker) • Galactose (Schleimzucker)	• Saccharose (Rohr- und Rübenzucker) = Glucose + Fructose • Maltose (Malzzucker) = Glucose + Glucose • Lactose (Milchzucker) = Glucose + Galactose	• Stärke, Nahrungsfasern und Pektine = aus Glucose aufgebaut

Traubenzucker wird als Glucose oder Dextrose bezeichnet. In der Praxis wird Traubenzucker als Dextrose bezeichnet, damit keine Verwechslung mit dem Glucosesirup entsteht.

ZUCKERSORTEN

Rohzucker
Die damit hergestellten Produkte weisen eine kräftigere Geschmacksnote auf.

Kristallzucker
In Konditoreiprodukten die am häufigsten verwendete Form.

Griesszucker
Feiner gemahlener Kristallzucker von besserer Löslichkeit.

Englischer Zucker
Zeichnet sich durch einen höheren Reinheitsgrad aus.

Raffinadezucker
Extra weisser Zucker mit einem sehr niedrigen Aschegehalt. Zum Süssen von Getränken.

Hagelzucker
Kristallzucker in gröberer Form, der zu Dekorzwecken und zum Überstreuen verwendet wird.

Kandiszucker
Grosse Zuckerkristalle, die ungefärbt oder gefärbt in den Handel kommen.

Staubzucker
Staubfein vermahlener Kristallzucker, der wegen seiner guten Löslichkeit anstelle von Kristall- oder Griesszucker eingesetzt wird.

Puderschnee
Mischung von Staubzucker, Antiklumpmittel und Fettstoffen, aromatisiert mit Vanillin. Er wird hauptsächlich – dank seiner schlechten Löslichkeit – zum Stauben von Produkten verwendet.

Vanillezucker
Mischung von Zucker mit mindestens 10% getrockneter Vanille. Wird zum Aromatisieren von Teigen, Massen, Cremen und Glacen verwendet.

Vanillinzucker
Zucker, aromatisiert mit 2% synthetisch hergestelltem Vanillin.

Gelierzucker
Mit Pektin versetzter Kristallzucker, der zur Verdickung und Gelierung von Marmeladen, Konfitüren, Kompotten und Dessert zumeist im Haushaltsbereich verwendet wird.

Die Löslichkeit dieser Zuckersorten liegt zwischen 40 und 80°C (1 Teil Wasser : 3 Teile Zucker). Je feiner der Zucker, desto besser ist die Löslichkeit. Die Saccharose beginnt bei 135°C zu schmelzen und verfärbt sich goldgelb bei ca. 160°C. Je dunkler geschmolzen wird desto intensiver das Aroma, ab 180°C kann der Zucker bitter werden. Durch Säure- oder Enzymbeigabe wird Doppel- oder Mehrfachzucker wieder in Einfachzucker abgebaut.

Lagerung
Alle Handelssorten können trocken, gut durchlüftet, frei von Fremdgerüchen und bei einer Temperatur von 15–20°C etwa zwei Jahre gelagert werden.

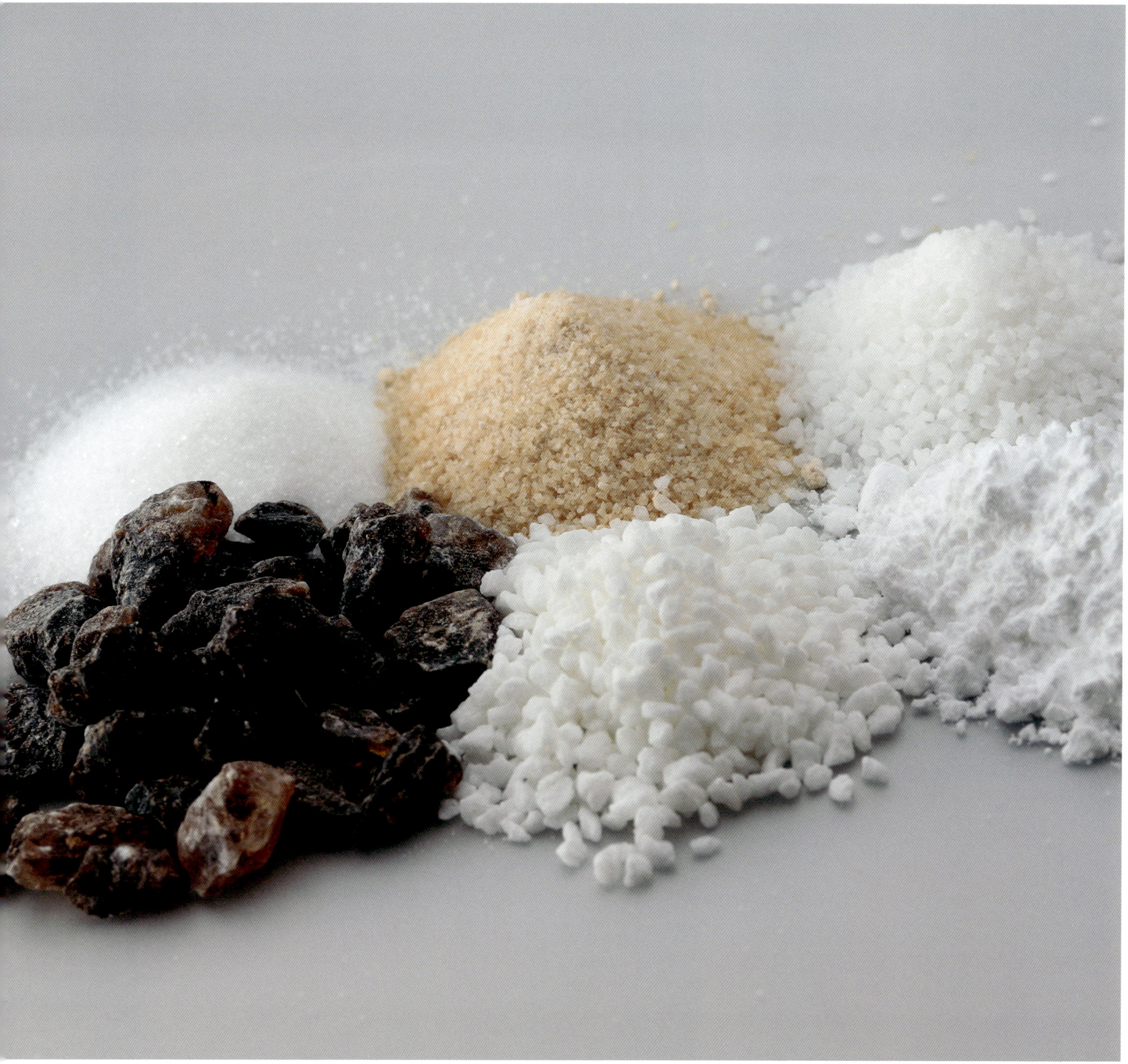

ANDERE ZUCKERSORTEN (FEUCHTHALTEMITTEL)
Glucosesirup (Stärkesirup)
Verzögert die Kristallisation des Zuckers und verändert die Struktur des Produkts.

Traubenzucker (Dextrose)
Dextrose ist weniger süss als Zucker. In der Praxis werden 20–30 % der Zuckermenge durch Dextrose ersetzt. Bei höherer Dosierung kann eine Aromaabschwächung auftreten, weil das Produkt zu wenig süss ist.

Invertzucker (Invertzuckersirup)
Wird zur Verlangsamung der Rückkristallisation bei Massen eingesetzt. Invertzucker wirkt durch den Gehalt an Fruchtzucker wasseranziehend (hygroskopisch). Bei gebackenen Produkten ist die schnelle Färbung zu berücksichtigen.

Deshalb ist die Ofentemperatur etwas zu reduzieren oder die Aufwärmdauer anzupassen.

Fruchtzucker (Fructose)
Als Austauschstoff für Zucker ist Fruchtzucker in Speziallebensmittel für Diabetiker verträglicher. Fructose ist wesentlich süsser als Zucker und wirkt hygroskopisch. Bei gebackenen Produkten ist – ähnlich wie beim Invertzucker – eine bedeutend stärkere Färbung festzustellen. Deshalb wird mit geringeren Beigabemengen gearbeitet, oder es wird bei Diätprodukten teilweise in Kombination mit Sorbit eingesetzt.

KARAMELISIERUNG
Die Karamelisierung der obengenannten Zuckersorten fängt erst bei ca. 170 °C an. In Gebäcken hat ein Einfachzucker nicht nur durch die Karamelisierung einen Einfluss auf die Farbe, sondern auch auf die Maillardreaktion. Das Gebäck wird dementsprechend dunkler als mit Saccharose.

Die genannten Zuckersorten (Feuchthaltemittel) wirken verlangsamend auf die Zuckerrückkristallisation. Die Produkte bleiben länger feucht.

FUNKTIONELLE EIGENSCHAFTEN VON ZUCKER
Zucker wirkt:
- aromaverstärkend bei 10–15 % Zuckerbeigabe
- süssend in Teigen, Massen, Cremen, Füllungen, Glasuren
- wasserlöslich in Cremen, Füllungen, Glasuren
- stabilisierend beim Aufschlagen in Massen, Cremen
- stabilisierend beim Backen in Massen, Füllungen, Glasuren
- färbend ab ca. 160 °C in Teigen, Massen, Cremen, Füllungen, Glasuren
- caramelisierend auf Teigen, Massen, Cremen, Füllungen, Glasuren
- konservierend in Früchten, Cremen, Füllungen, Glasuren
- Gefrierpunkt verändernd bei Glacen, Cremen, Füllungen, Glasuren

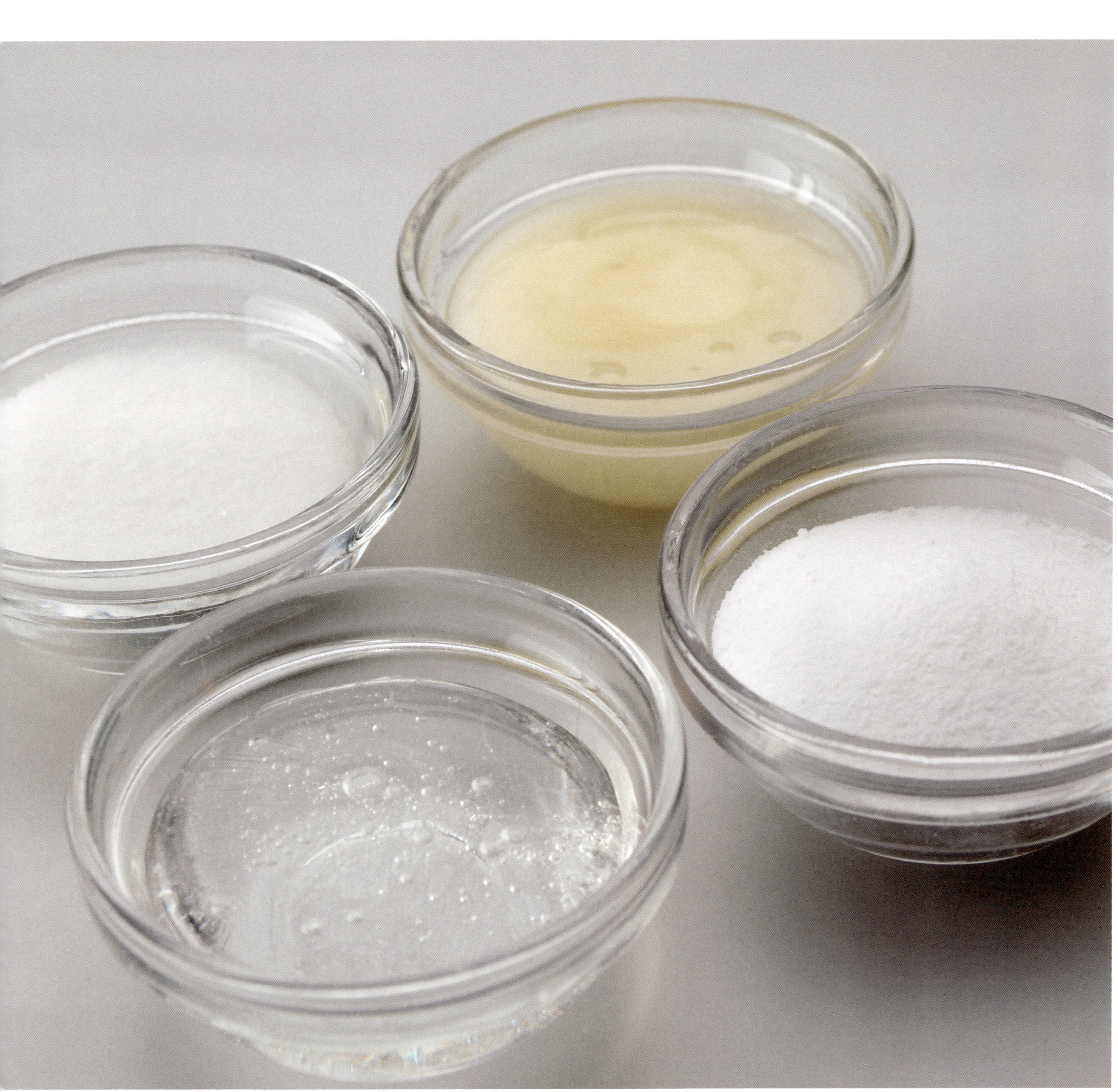

Honig

Zusammensetzung
Honig besteht aus 70 % Traubenzucker und Fruchtzucker sowie Saccharose, Dextrinen, Vitaminen, Mineralstoffen, Säuren, Enzymen, Proteinsubstanzen und 20 % Wasser.

Das heisst: Wird Honig durch Zucker ersetzt, so bedingt dies eine Beigabe von Wasser (1000 g Honig = 800 g Zucker + 200 g Wasser).

Um einen Wertverlust in Bezug auf Nährstoffe und Geschmack zu vermeiden, sollte Honig nicht über 60 °C erhitzt werden (sofern es die Rezeptur erlaubt).

Je nach Produkt können unterschiedliche Honigsorten mit verschiedenen Geschmackseigenschaften verwendet werden.

Lagerung
Honig trocken, frei von Fremdgerüchen und bei einer Temperatur von 15–20 °C lagern. Idealerweise in luftdicht verschlossenen Behältern.

Zuckeraustauschstoffe

SORBIT
Im Handel als Pulver- oder Flüssigsorbit (70 % wässrige Lösung) erhältlich.

Sorbit kann bis 10 % des Gesamtgewichts als Feuchthaltemittel in Massen, Cremen und Weichmacher für Süsswaren eingesetzt werden.

MANNIT (MANNITOL)
Für zuckerlose Produkte wie Kaugummis, Bonbons und andere Speziallebensmittel im Süsswarenbereich. Mannit wirkt im Gegensatz zu Sorbit eher austrocknend.

XYLIT (XYLITO)
Wird vor allem für zahnschonende Bonbons und zuckerlose Kaugummis verwendet.

Süssstoffe

Sie werden nur zum Süssen eingesetzt, sämtliche anderen funktionellen Eigenschaften des Zuckers fehlen. Der Energiewert (kJ/kcal) ist in Anbetracht der Süsskraft äusserst gering, so dass sie sich zur Herstellung von energiereduzierten, energiearmen, zuckermodifizierten und zuckerfreien Speziallebensmitteln einsetzen lassen.

SYNTHETISCHE SORTEN
- Saccharin
- Cyclamat
- Aspartam

Verwendung
- in Cremen und Getränken anstelle von Zucker
- in Massen als Ergänzung zu den Zuckeraustauschstoffen

NATÜRLICHE SORTEN
- Stevia

Handelsformen
- Steviablätter (frisch oder getrocknet)
- Steviaauszüge (flüssig)
- Stevia in Tablettenform
- Steviaextrakte (Pulver) für industrielle Zwecke

Alle diese Steviaprodukte besitzen verschieden konzentrierte Süsskraft. Bei frischen Steviablättern ist die Süsskraft gegenüber Zucker ca. 10–15 mal höher. Stevia ist bis 200 °C hitzebeständig und kann somit auch nur beschränkt zum Backen verwendet werden. Stevia süsst, besitzt aber nicht die funktionellen Eigenschaften von Zucker. Der Hauptunterschied von Zucker und Stevia liegt in der Dosierung und im Geschmack. Die leichte Bitterkeit muss durch ein anderes Aroma überdeckt werden.

Energiewert und Süsskraft

	DEKLARATION	KJ/G	KCAL/G	SÜSSKRAFT	VERWENDUNG
Zuckerarten					
Rohr-/Rübenzucker	Einzelbezeichnung	17	4	1.0	Bäckerei-, Konditorei- und Confiserieprodukte
Traubenzucker (Dextrose)	Einzelbezeichnung	17	4	0.7	Glacen, verschiedene Confiserieprodukte
Fruchtzucker (Fructose)	Einzelbezeichnung	17	4	1.0–1.7	Anstelle von Zucker
Milchzucker (Lactose)	Einzelbezeichnung	17	4	0.3	Anstelle von Zucker
Malzzucker (Maltose)	Einzelbezeichnung	17	4	0.4	Als Hefenahrung, Farb- und Geschmacksgebung
Invertzucker	Einzelbezeichnung	17	4	1.1	Frischhaltung, zur Verlangsamung der Rückkristallisation
Honig	Einzelbezeichnung	17	4	1.2	Bäckerei-, Konditorei- und Confiserieprodukte
Stärke-, Maissirup, Glucosesirup	Einzelbezeichnung	17	4	0.4–0.7	Frischhaltung, zur Verhinderung der Rückkristallisation
Zuckeraustauschstoffe					
Sorbit	Gattungsbezeichnung «Süssungsmittel/ Süssstoff» und E-Nummer oder Einzelbezeichnung	10	2.4	0.5	Feuchthaltemittel (bis 10%) sowie als Zuckeraustauschstoff, Süssungsmittel/Süssstoff
Mannit		10	2.4	0.5	Als Zuckeraustauschstoff und Süssungsmittel
Xylit		10	2.4	1.0	
Malbit (Maltit)		10	2.4	0.9	
Palatinit (Isomalt)		10	2.4	0.5	
Polydextrose	Einzelbezeichnung	4	1	0.0	Anstelle von Zucker
Süssstoffe					
Saccharin	Gattungsbezeichnung «Süssungsmittel/ Süssstoff» und E-Nummer oder Einzelbezeichnung	0	0	300–500	Oft in Kombination mit Cyclamat eingesetzt
Aspartam		17	4	200	Ohne Erhitzung
Cyclamat		0	0	10	Hitzebeständig
Acesulfam K		0	0	200	Hitzestabil über pH-Wert 3

Zucker kochen

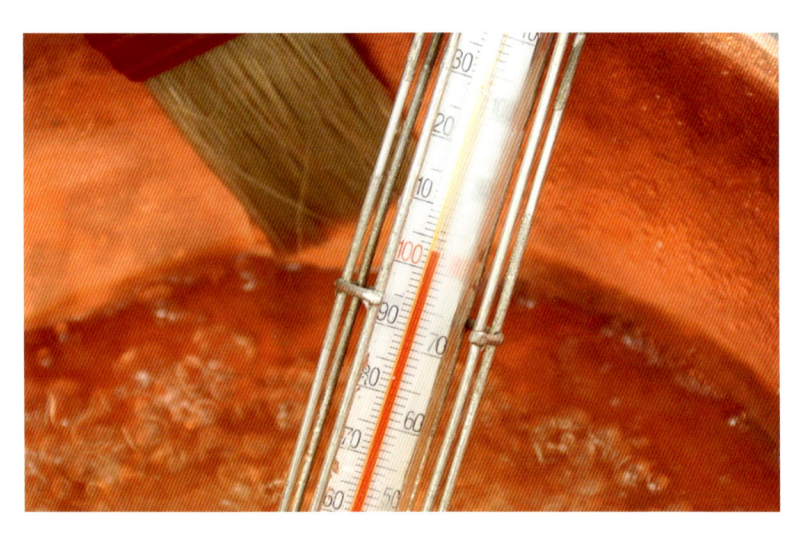

Für viele Konditorei- und Confiserieartikel wird der Zucker in aufgelöster Form verarbeitet. Er wird mit mindestens 30–40% Flüssigkeit gekocht (z.B. für Glasuren, Sirup, Fondant, Caramel, Schneemassen etc.).

Eine Lösung ist dann gesättigt, wenn sie das Maximum an Zucker enthält, das vom Wasser noch gelöst werden kann. Bei höherer Dichte als 32°Bé kristallisiert der Zucker aus und man redet von einer übersättigten Zuckerlösung. Um eine Kristallisation zu verzögern, kann der Zuckerlösung 10–15% Glucosesirup beigegeben werden. Wenn mehr Wasser vorhanden ist als die zu benötigte Menge um den Zucker zu lösen, redet man von einer untersättigten Lösung. Diese Lösung ist gärungsanfällig und nur beschränkt haltbar.

Ideale Voraussetzungen zum Zuckerkochen:

Zucker	Möglichst reiner und feiner Zucker, der sich in der Flüssigkeit schnell auflöst.
Flüssigkeit	Wasser • Bei zu grosser Wasserbeigabe dauert der Kochprozess zu lange und der Zucker verfärbt sich. • Bei zu geringer Wasserbeigabe können sich die Kristalle nicht vollständig auflösen = Rückkristallisation. • Bei Flüssigkeitszugabe mit Rahm, Milch oder Fruchtmarkt muss während des Kochprozesses gerührt werden, um ein Anbrennen zu verhindern.
Kupferkessel	Ideale Wärmeleitung/schnelles Kochen. Wenn die Lösung kocht, sind eventuelle Unreinheiten mit der Schaumkelle abzuschöpfen.
Pinsel	Zum Herunterwaschen der Zuckerkristalle (Kristalisierungsgefahr/ Bräunung des Zuckers)

Zuckerthermometer	Réaumurgrad oder Celsiusgrad
	
	Umrechnungsformel:
	• Celsius x 0.8 = Réaumur
	  Beispiel: 100°C x 0.8 = 80°R
	• Réaumur x 1.25 = Celsius
	  Beispiel: 80°R x 1.25 = 100°C

Refraktometer	Misst den Zuckergehalt einer Lösung in Prozent.
Bauméwaage/ Baumespindel	Misst die Dichte einer Lösung. Wichtig ist, dass die Lösung immer in der gleichen Temperatur gemessen wird.
Wasserbad	Warmes Wasser verwenden um nach dem Kochprozess den Kochvorgang zu stoppen.

Zweck
- Auflösen der Zuckerkristalle
- Durch das Verdampfen des Wassers kann die gewünschte Konzentration und Festigkeit bestimmt werden

Zucker schmelzen

SCHMELZEN AUF DER GASFLAMME
Es ist wichtig dass die Gasflamme nicht grösser als der Inhalt des Zuckerkessels ist. So kann die ganze Wärme direkt und gleichmässig in den Zucker übergeleitet werden.

Sobald die Flamme grösser ist als der Inhalt, wird die nicht bedeckte Kesselwand erwärmt. Kleine Mengen der Lösung verbrennen sofort und werden schwarz.

SCHMELZEN AUF DER INDUKTIONSPLATTE
Durch die direkte Wärmeaufnahme der Bodenplatte geht das Kochen resp. Karamelisieren sehr schnell. Die Schwierigkeit liegt darin, dass nur der Boden vom Karamelisierungsprozess betroffen ist. Das bedingt ein gutes Mischen der Masse, damit der Zucker nicht zu schnell verbrennt.

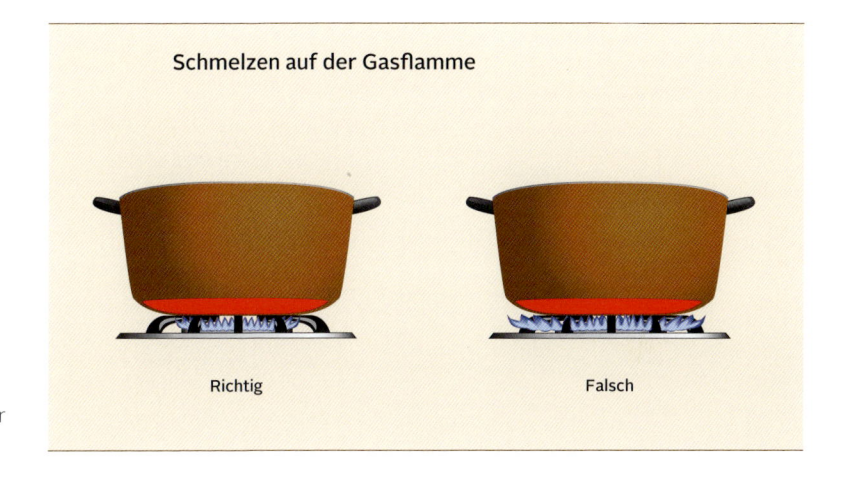

SCHMELZEN IN PORTIONEN

Dieses Verfahren hat sich in der Praxis bewährt und ist sehr verbreitet. Der Zucker wird in kleinen Portionen nach und nach im Kupferkessel bis zur gewünschten Färbung aufgeschmolzen. Die Gasflamme darf nicht grösser sein als der Zucker flächenmässig einnimmt. Mit einem hitzebeständigen Spatel wird der Zucker bewegt, so dass er sich gleichmässig erhitzen kann. Sobald sich der Zucker aufgelöst hat, wird eine weitere kleine Portion Zucker hinzugefügt. Die beizugebende Zuckermenge sollte nicht zu gross sein, da die Gefahr der Knollenbildung besteht und weitere arbeitstechnische Schwierigkeiten auftreten können.

Mit dieser Methode wird ein gleichmässiger Schmelzeffekt und eine helle Farbe erzielt. Der Zeitaufwand ist jedoch grösser als bei anderen Methoden.

Der Temperaturverlauf sollte regelmässig sein (rote Linie). Bei einer zu hohen Beigabe von Zucker wird die Temperatur zu fest abgekühlt (braune Linie). Die Gefahr von Knollenbildung besteht. Eine hohe Temperatur ist dann für die Schmelzung notwendig, allerdings kann eine zu hohe Hitze einen negativen Einfluss auf die Farbe und den Geschmack haben.

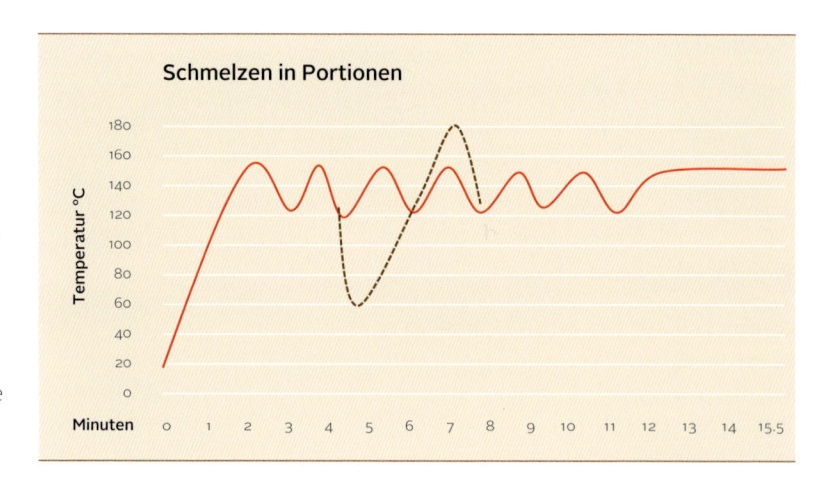

Richtwert: 1000 g Zucker
Kesseldurchmesser: 32 cm
Zeit: 15–16 Min.
Farbe: goldgelb

Zucker am Anfang

Zucker nach 5 Min.

Zucker nach 10 Min.

Zucker nach 15–16 Min.

SCHMELZEN MIT ZITRONE

Durch Beigabe von Säure in Verbindung mit Wärme findet in den Zuckerstoffen eine Inversion statt. Die Säure der Zitrone und deren Wasseranteil hilft den Zucker abzubauen. Auf diese Weise kann der Zucker sehr hell geschmolzen werden – speziell dann, wenn das Schmelzen in Portionen angewendet wird. Für 1 Kilo Zucker verwendet man im Minimum den Saft einer Zitrone. Der Nachteil dieses Verfahrens ist, dass der geschmolzene Zucker durch die Säurebeigabe auch nach dem Abkühlen feuchtigkeitsanfälliger ist.

Die Kurve zeigt den Temperaturverlauf des Schmelzens mit der gesamten Zuckermenge. Bei gleichmässigem Durchmischen des Zucker von Anfang an, kann auch ein schöner Schmelzeffekt erzielt werden.

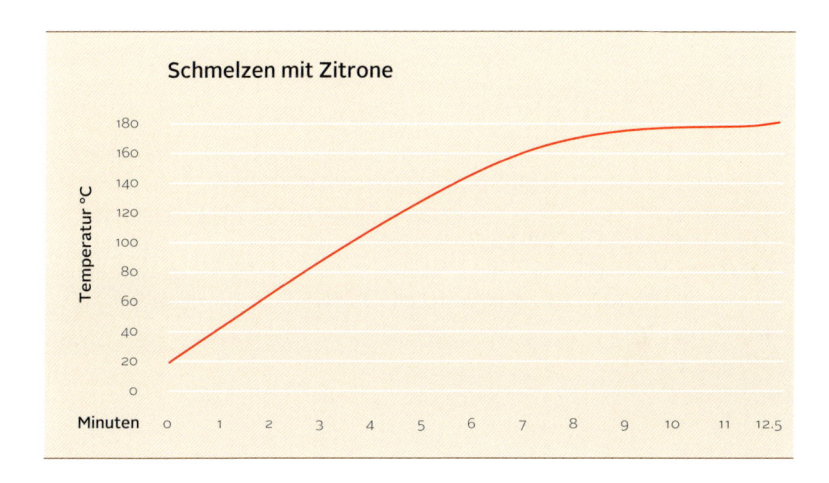

Richtwert: 1000 g Zucker, Saft von 1 Zitrone
Kesseldurchmesser: 32 cm
Zeit: 12–13 Min.
Farbe: goldgelb

Zucker am Anfang

Zucker nach 5 Min.

Zucker nach 10 Min.

Zucker nach 12–13 Min.

SCHMELZEN MIT GLUCOSESIRUP

Um den Schmelzprozess des Zuckers einzuleiten, kann anstatt Zitrone auch ein Einfachzucker, z.B Glucoesirup, Honig, Invertzucker etc., verwendet werden. Bei Glucosesirup verwendet man höchstens 10 % der gesamten Zuckermenge. Bei höheren Beigaben wirkt sich das negativ auf das Endprodukt aus, da das Produkt schneller Feuchtigkeit anzieht. Zum Schmelzen wird die gesamte Glucosesirupmenge in einem Kupferkessel bei kleinem Feuer erwärmt und gibt nach und nach den restlichen Zucker bei. Durch den Wasseranteil des Glucosesirups ist ein rasch verlaufender Schmelzprozess gegeben.

Weil mit einer 10 % Glukosesirupbeigabe angefangen wurde, liegen die Wärmewellen weiter auseinander. Glucosesirup löst sich viel schneller auf als als Zucker. Mit seinem Wasseranteil sind die Voraussetzungen für ein schnelles Lösen des Zuckers gegeben. Dieses Verfahren ist im Gegensatz zu anderen etwas rationeller.

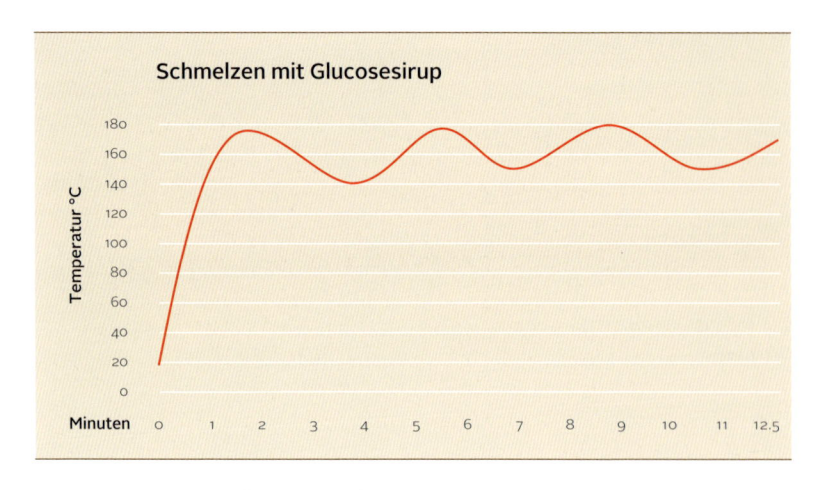

Richtwert: 1000 g Zucker, 100 g Glucosesirup
Kesseldurchmesser: 32 cm
Zeit: 12–13 Min.
Farbe: goldgelb

Zucker am Anfang

Zucker nach 5 Min.

Zucker nach 10 Min.

Zucker nach 12–13 Min.

VORWÄRM-METHODE

Das beste und rationellste Herstellungsverfahren ist die Vorwärm-Methode. Für diese ist allerdings eine gute Planung der Produktion notwendig. Bei diesem Herstellungsverfahren wird der Zucker auf ein mit Backpapier belegtes Randblech gegeben und auf eine Maximaldicke von ca. 1 cm verteilt. So kann die Ofenhitze den Zucker gleichmässig durchwärmen. Der Zucker wird im dampffreien Ofen (unter 160 °C) auf eine möglichst hohe Temperatur gebracht. Je höher die Temperatur, desto schneller ist der Arbeitsprozess am Herd beendet. Anschliessend gibt man die gesamte Zuckermenge in den Kupferkessel und kann dank der direkten Hitzeeinwirkung den Schmelzprozess sehr schnell zu Ende bringen.

Durch diese Vorwärmmethode reduziert sich die Arbeitszeit am Herd um die Hälfte. Der Auflösungsprozess erfolgt gradlinig und gleichmässig. Dadurch ist dieser Zucker sehr dünnflüssig und hat eine helle Farbe.

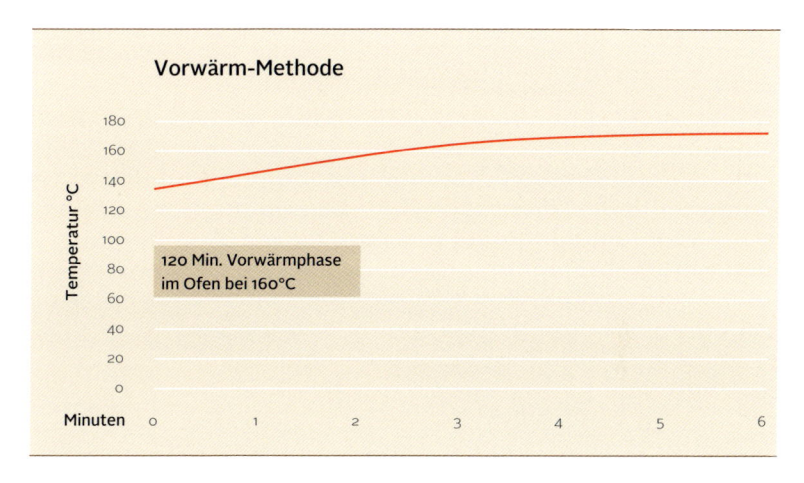

Vorwärm-Methode

120 Min. Vorwärmphase im Ofen bei 160 °C

Richtwert: 1000 g Zucker, 120 Min. im Ofen bei 160 °C
Kesseldurchmesser: 32 cm
Zeit: 6 Min.
Farbe: hell

Zucker am Anfang  | Zucker nach 3 Min.  | Zucker nach 5 Min.  | Zucker nach 6 Min.

SCHMELZEN MIT WASSER

Ein weiteres System zum Zuckerschmelzen ist das Schmelzen mit Wasser. Dazu verwendet man auf 1000 g Zucker 300 g Wasser und lässt es kochen bis alles Wasser verdampft ist. Damit die an der Gefässwand abgelagerten Siruptropfen keine unerwünschte Färbung verursachen, ist das Herunterwaschen mit Wasser wichtig.

Diese Methode ist geeignet für hellen gleichmässigen Caramel. Negativ zu betrachten ist die Dampfbildung und der Zeitfaktor.

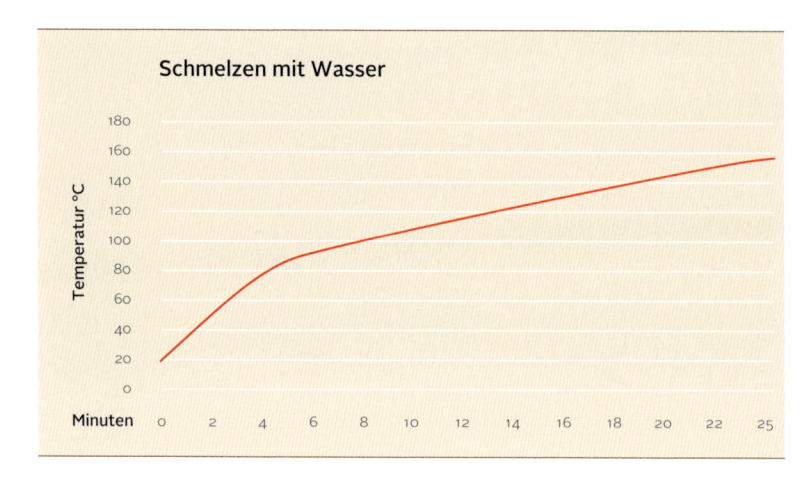

Richtwert: 1000 g Zucker, 300 g Wasser
Kesseldurchmesser: 32 cm
Zeit: 25 Min.
Farbe: hell → schnell dunkel

Zucker und Wasser

Zucker nach 10 Min.

Zucker nach 16 Min.

Zucker nach 25 Min.

Fehler beim Zuckerschmelzen

ZUCKERKLUMPEN

Wenn der Zucker beim Schmelzen zu schnell beigegeben wird, besteht die Gefahr, dass der geschmolzene Zucker zu fest abkühlt. Die beigegebenen neuen Kristalle können nur sehr mühsam und mit viel Hitze aufgelöst werden.

Korrektur
- Zucker in kleinen Portionen beigeben
- Zucker vor der Beigabe höher erwärmen
- Rührspatel regelmässig abkratzen

VERBRANNTER ZUCKER

Sobald der Zucker über 160 °C erreicht hat, verfärbt er sich je nach Verfahren relativ schnell und verbrennt. Je dunkler, desto bitterer. Verbrannter Zucker wird nur für Couleur verwendet.

Korrektur
- weniger hoch erhitzen
- Zucker nach dem Schmelzen nicht in der Pfanne stehen lassen

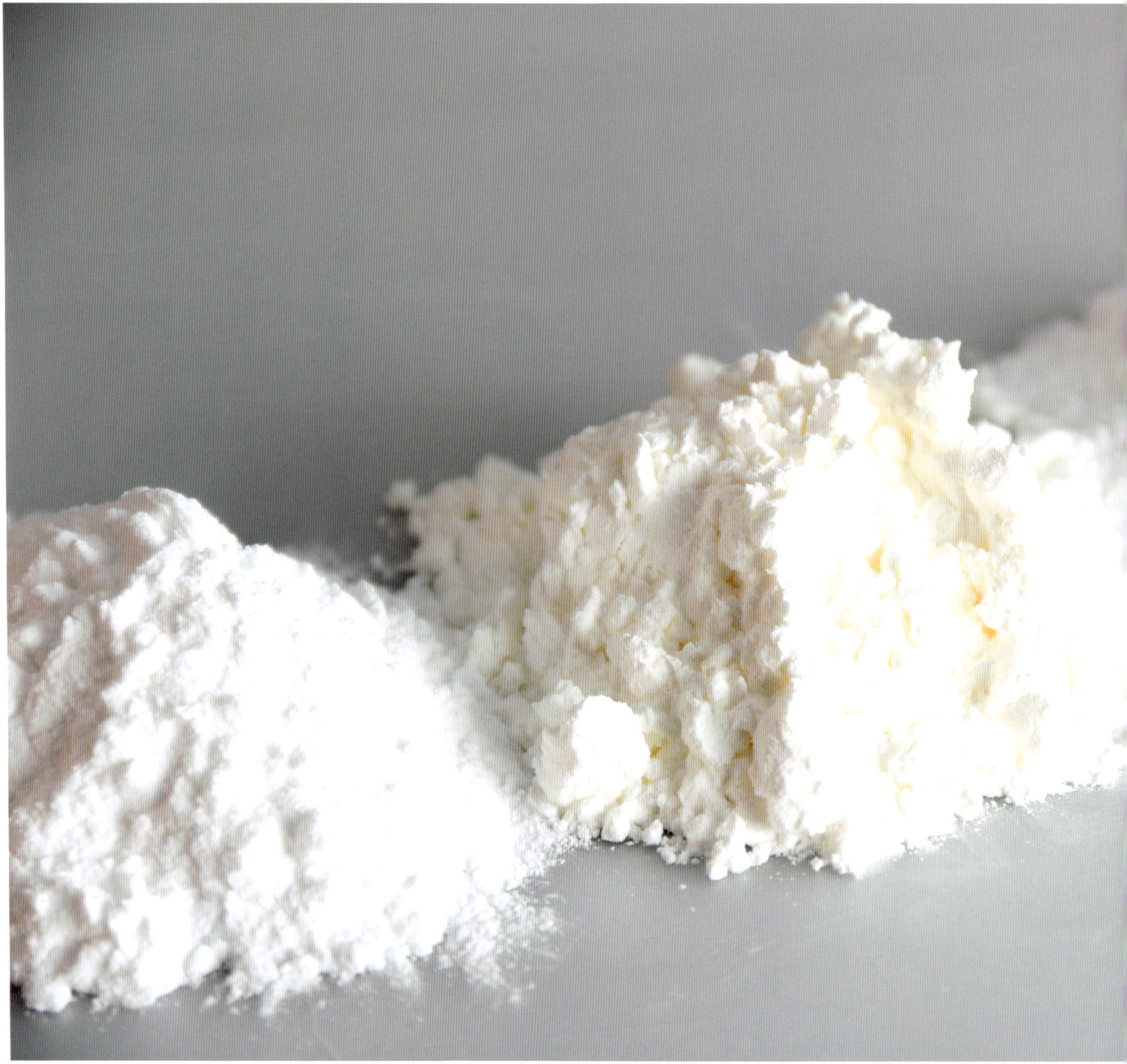

DAS IDEALE PRODUKT
Mehl / Stärkemehle

Eigenschaften von Mehl und Stärkemehle

MEHL

Getreide und aus Getreide hergestellte Erzeugnisse dienen als Grundnahrungsmittel zur menschlichen Ernährung oder als Viehfutter. Dies liegt auch daran, dass viele Getreidearten bezüglich Klima anspruchslos sind und gute Lagereigenschaften aufweisen. Getreide und Samen bilden als Rohstoff die eigentliche Grundlage für viele Bäckerei-Konditoreiprodukte.

Brotgetreide

Die als Brotgetreide angebauten Kulturpflanzen gehören zur Familie der Süssgräser. Die Getreidekörner sind die reifen Halmfrüchte und lassen sich zu Mehl verarbeiten. Die verschiedenen Getreidearten und deren unterschiedlichen Qualitätseigenschaften haben einen erheblichen Einfluss auf die Verarbeitung sowie den Charakter der Gebäcke.

Die Getreidearten können in zwei Gruppen unterteilt werden:

ALLEIN BACKFÄHIGE GETREIDEARTEN	NICHT ALLEIN BACKFÄHIGE GETREIDEARTEN
• Weizen • Dinkel • Roggen	• Gerste • Hafer • Mais • Hirse • Reis
Die Bestandteile der Mehle dieser Getreidearten können die Lockerungsgase der Teige und Massen zu Poren festhalten und zu verdaulichen Gebäcken lockern. Sie können mit allen anderen Getreidearten gemischt werden. Der Mehlanteil in einem nach ihnen benannten Brot sollte mindestens 50 % betragen.	Diese Getreidearten haben keine teigbildenden Proteine und können nicht ohne Beigabe einer backfähigen Getreideart zu einem gut gelockerten, schmackhaften Brot weiterverarbeitet werden. Der Mehlanteil in einem nach ihnen benannten Brot sollte mindestens 25 % betragen.

STÄRKEMEHLE

Unter dem Begriff «Stärkemehle» werden die aus Pflanzen gewonnenen Stärken zusammengefasst. Je nach Herkunft der Stärke wird unterschieden:

Stärke aus Getreide:	Weizen, Mais
Stärke aus Knollen:	Kartoffeln
Stärke aus Wurzeln:	Maniokwurzel (Tapiokastärke)
Stärke aus Fruchtmark:	Sagopalme und Arrowroot

Die von der Pflanze gebildete Stärke wird in den Samen, Knollen, Wurzeln oder dem Pflanzenstamm gespeichert und steht als Reservestoff beim erneutem Wachstum (Keimungsvorgang) zur Verfügung. Die Gewinnung richtet sich jeweils nach dem Pflanzenmaterial, ist aber im grundsätzlichen Ablauf (Auswaschen der Stärkekörner) gleichbleibend. Auf diese Weise hergestellte, in ihrem Grundcharakter unveränderte Stärken, werden als nativ bezeichnet. Modifizierte Stärken sind chemisch oder physikalisch so verändert, dass bereits beim Kaltanrühren eine Gelbildung erfolgt. Die Anwendung erfolgt in kaltanrührbaren Cremen und Instantprodukten (Pudding usw.).

Mit der Wahl der Stärkeart werden Struktur und Schmelz bei Cremen massgeblich beeinflusst, da sich die Stärken in ihrem Aufbau (Amylose und Amylopektin) und damit auch in ihren Eigenschaften (Quellung, Verkleisterung, Gelbildung, Rückkristallisation) unterscheiden.

Maisstärke

MAISSTÄRKE	
Verkleisterungs- charakteristik	• Mittleres Quellvermögen (ca. 25-fach) • Eher späterer Verkleisterungsbeginn • Verkleisterungsbereich 62–72 °C • Merkliche Verflüssigung
Verwendung	Meist in Kombination mit Weizenstärke für Pudding- und Cremepulver, zum Binden von Saucen, Suppen, Gelees, Gewinnung von Stärkesirup
Struktur/ Verhalten	• Feine Struktur • Sehr gute Standfestigkeit • Leichte Tendenz zur Knollenbildung • Wird kürzer, lässt sich wieder cremig rühren

Weizenstärke

WEIZENSTÄRKE	
Verkleisterungs- charakteristik	• Eher geringes Quellvermögen (ca. 20-fach) • Früher Verkleisterungsbeginn • Verkleisterungsbereich 52–63 °C • Minimale Verflüssigung
Verwendung	Pudding und Cremepulver, Sandmassen, Biscuit, Puderkästen, Mehlverschnitte, Gewinnung von Stärkesirup
Struktur/ Verhalten	• Feine, cremige Struktur • Bleibt beim Durchrühren geschmeidig • Sehr gute Standfestigkeit

Kartoffelstärke

KARTOFFELSTÄRKE	
Verkleisterungs- charakteristik	• Extrem hohes Quellvermögen (ca. 1000-fach) • Früher Verkleisterungsbeginn • Verkleisterungsbereich 56–66 °C • Sofortiges Verkleisterungsmaximum • Extrem starke Verflüssigung
Verwendung	Glanzstreiche, Massen, Teig- oder Mehlverschnitt
Struktur/ Verhalten	• Extrem lange, fliessende Struktur • Weitgehende Verflüssigung • Mangelhafte Standfestigkeit

Retrogradation

Retrogradation ist die Rückbildung zuvor verkleisterter Stärke. Dies geschieht hauptsächlich mit der in der Stärke enthaltenen Amylose, da diese – im Gegensatz zu Amylopektin – nicht aus einem dreidimensionalen Glucose-Netzwerk aufgebaut ist und daher das Wasser nicht so gut fixieren kann.

Retrogradation ist in erster Linie die Ursache für Altbackenwerden von Gebäcken. Die im Mehl befindliche Stärke gibt dabei die physikalisch gebundene Flüssigkeit teilweise wieder ab und geht in einen kristallinen Zustand über (z. B. Stärkekörner). Das dadurch altbackene Gebäck nimmt eine weiche, schaumgummiartige Konsistenz an. Bei Cremen wird dieses durch Austritt von Wasser (Synärese) sichtbar. Nach einer anfänglich cremigen und feinen Struktur wird eine sandige Beschaffenheit festgestellt, welches im Weiteren das sensorische Empfinden stört. Instantprodukte zeigen bezüglich Retrogradation sowie Gefrier- und Taustabilität ein besseres Verhalten auf, da die verwendeten modifizierten Stärken auf das Gelverhalten eingestellt werden können.

Die Retrogradation der Stärke wird durch niedrige Temperaturen stark begünstigt. Zwischen −8 °C und +8 °C verstärkt sich die Alterung um den Faktor drei. Die Verhärtungswirkung lässt sich durch Zugabe von Fetten, Emulgatoren und α-Amylase verzögern.

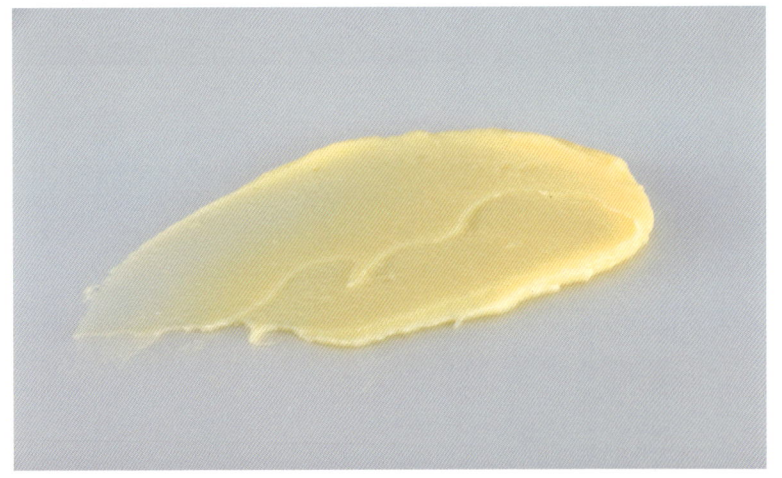

Mehlverwendung in Teigen

BLÄTTERTEIG
Es wird hauptsächlich Weizenmehl 400 mit einem guten, dehnbaren Gluten verwendet.

Blätterteigmehl
Mit diesen Mehlkennzahlen können gute Backergebnisse erzielt werden.

MEHLKENNZAHLEN	
Aschegehalt (%TS)	0.38–0.45
Feuchtgluten	28–30
Wasseraufnahme 500 BE	58–60
Amylogramm BE	Minimal 500
Fallzahl Sek.	302–340
Maltose %	Maximal 2.0
DW/DB (Rmax.)	2–2.5
Fläche cm² (135 min.)	Minimal 110

Korrekturen der Mehlqualität
Starker Gluten: Flüssigmalz oder Malzmehl beigeben. Durch den enzymatischen Abbau der Glutenstruktur wird eine bessere Dehnbarkeit erzeugt.

Schwacher Gluten: Geringe Menge Ascorbinsäure beigeben. Dadurch wird die Glutenstruktur gestärkt. Eine Überdosis kann zu kurzen, schrumpfenden Teigen führen.

HONIGTEIGE
Das Mehl hat die grösste Auswirkung auf das Gelingen von Honiggebäcken. In der Regel wird für Honigteige Weizenmehl 400–550 verwendet.

Mehlmischungen
Bei zu starkem Mehl kann durch eine Beigabe von Dinkelmehl (bis 50% der Mehlmenge) in der Regel eine Verbesserung erzielt werden.

Starke Mehle
Eignen sich eher schlecht, weil der Teig dadurch fest und zäh wird. Dies wirkt sich negativ auf die Gebäcke aus:
- Zusammenziehen des Teiges beim Ausrollen und Ausstechen
- Blasenbildung
- Satte, kompakte Porung
- Gedrungenes Volumen

Schwache Mehle
Eignen sich etwas besser als starke Mehle. Ergeben aber auch nicht optimale Produkte. Das Gashaltevermögen ist zu schwach, was ein eher flaches, breitlaufendes Produkt ergibt.

SÜSSE BUTTERTEIGE
Mehrheitlich wird Weizenmehl 400 eingesetzt. Kann auch durch Weizenvollkornmehl (Granulation unter 0.4 mm) ohne Rezeptänderung ersetzt werden. Ein Teil des Mehles (10%) kann durch Stärke ausgetauscht werden, dadurch wird der Teig mürber.

GERIEBENE TEIGE
Weizenmehl 400–550 kann durch andere Mehle, z.B. Vollkornmehl (extra fein 0.4 mm), teilweise oder ganz ersetzt werden.

STRUDELTEIGE
Weizenmehl 400–550 mit guter Glutenqualität ist Voraussetzung, damit sich der Teig dünnziehen lässt.

Mehlverwendung in Massen

BISCUITMASSEN
Idealerweise wird handelsübliches, unbehandeltes Weizenmehl 400 eingesetzt. Das Mehl sollte eine gute, dehnbare, nicht zu starke Glutenstruktur aufweisen.

Stärkemehle
Zu starkes Mehl kann teilweise durch Weizen- oder Kartoffelstärke ersetzt werden. Stärkemehle müssen vor der Beigabe mit dem Mehl abgesiebt werden, um eine gleichmässige Vermischung zu erreichen.

Beigabemenge: 20–50 % auf Mehlmenge
Wirkung: kurze Gebäckstruktur mit feiner Porung (durch das Fehlen des Glutens wird die Porenbildung nicht unterstützt)

Vollkorn
Weizenmehl 400 kann durch Vollkorn (0.5 mm) 1 : 1 ausgetauscht werden. Vollkornmehl hat – bedingt durch den Kleienantel – ein anderes Backverhalten. Die Massen bräunen gegen Ende des Backprozesses nach.

Dinkelmehl
Weizenmehl 400 kann durch Dinkelmehl 400 im Verhältnis 1 : 1 ersetzt werden. Zu beachten ist, dass Dinkelmehl einen schwachen Gluten aufweist. Je mehr Mehl beigegeben wird, desto trockener und gupfbildender wird das Gebäck. Weniger Mehl ergibt feuchtere Biscuit und es besteht die Gefahr des Einfallens.

BUTTERMASSEN
Idealerweise wird handelsübliches, unbehandeltes Weizenmehl 400 eingesetzt.

Stärkemehle
Zu starkes Mehl kann teilweise durch Weizen- oder Kartoffelstärke ersetzt werden. Anstelle von Stärkemehle kann auch Vanillecremepulver (zum Kochen) eingesetzt werden, was Aroma und Farbe beeinflusst.

Beigabemenge: 20–50 % auf Mehlmenge
Wirkung: kurze Gebäckstruktur mit feiner Porung

Vollkorn
Weizenmehl 400 kann durch Vollkorn (0.5 mm) 1 : 1 ausgetauscht werden. Vollkornmehl hat, bedingt durch den Kleienantel, ein anderes Backverhalten. Die Massen bräunen gegen Ende des Backprozesses nach.

Dinkelmehl
Weizenmehl 400 kann durch Dinkelmehl im Verhältnis 1 : 1 ausgetauscht werden.

Mehlanteil
Höhere Gebäcke erfordern einen höheren Mehlanteil (Fundament). Bei niedrigen Gebäcken kann der Mehlanteil reduziert werden, so dass die Gebäcke feuchter sind.

Mehlbeigabe in %

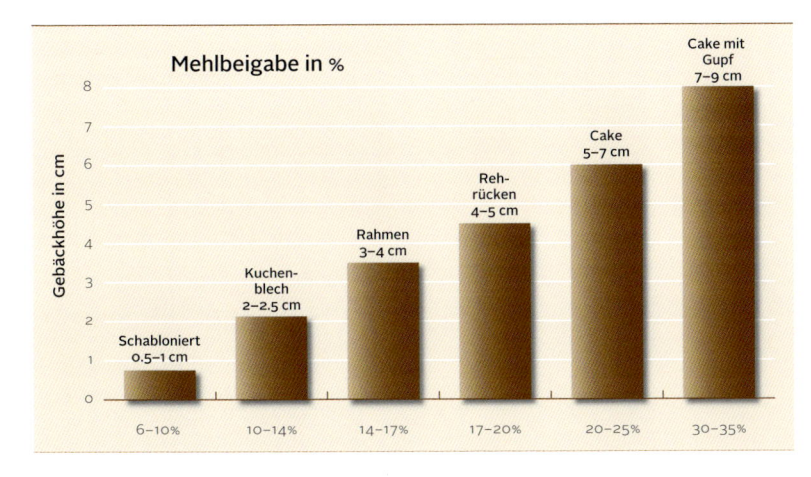

Mehlbeigabe	Gebäckhöhe	Art
6–10%	0.5–1 cm	Schabloniert
10–14%	2–2.5 cm	Kuchenblech
14–17%	3–4 cm	Rahmen
17–20%	4–5 cm	Rehrücken
20–25%	5–7 cm	Cake
30–35%	7–9 cm	Cake mit Gupf

ABGERÖSTETE MASSEN
Pâte à choux
Es wird vor allem Weizenmehl 400 eingesetzt, das zu 20–50% durch Cremepulver ersetzt werden kann (Aroma und Farbe in der Deklaration berücksichtigen).

Kokosmakronen- und Sebastopolmassen
Weizenmehl 400 oder Stärke in kleinen Mengen stabilisiert bei Massen zum Dressieren.

HÜPPENMASSEN
Weizenmehl 400 wird in kleinen Mengen beigegeben, damit die Masse plastisch wird, zum Aufstreichen und Aufrollen.

Bei Briceletsmassen wird der Mehlanteil erhöht und es entsteht ein fester Teig, der gut portioniert werden kann.

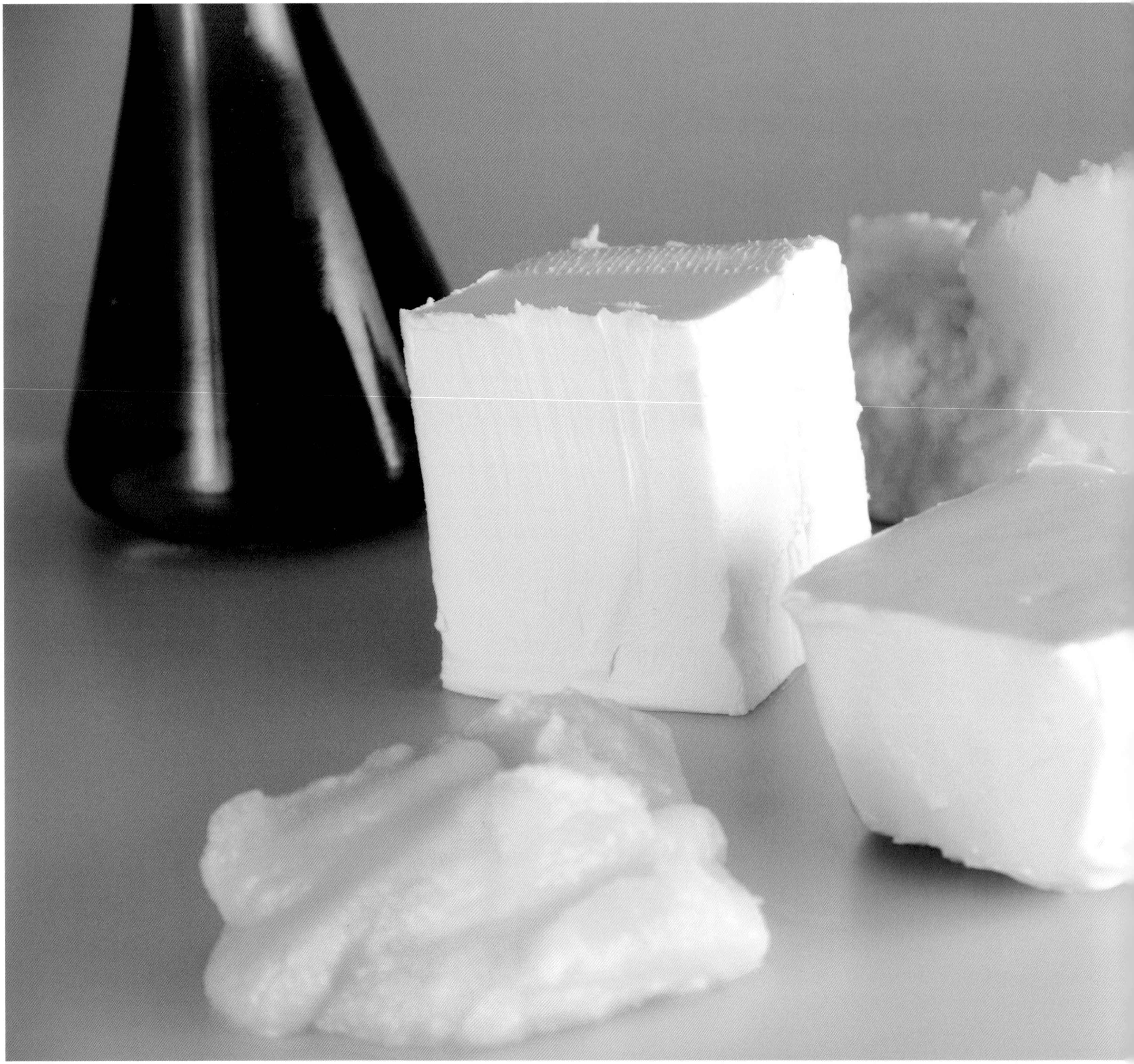

DAS IDEALE PRODUKT
Fettstoffe

Eigenschaften

FETTSTOFF	BESCHAFFENHEIT	ZUSAMMENSETZUNG	SCHMELZ-PUNKT IN °C	FETT-GEHALT	EIGENSCHAFTEN	VERWENDUNG
Bäckereifett	fein, geschmeidig	pflanzlich, tierisch oder gemischt	36–43	100%	Butterersatz	diverse Teige anstelle von Butter
Frittierfett	fein, geschmeidig	meist pflanzlich, teilweise tierisch	34–39	100%	Oxidationsstabilität, hoher Rauchpunkt	schwimmend backend
Konditoreifett	weich bis fest, kurz	pflanzlich	28–33	100%	kurzer Schmelzbereich, Aufschlagsstabilität	Cremen, Füllungen, Dauercremen
Hartfett	fest, hart, kurz	pflanzlich (Kokos- und Palmkernmischung)	30–39	100%	bleibt fest bis Schmelzpunkt erreicht wird, danach sofort flüssig	wie Konditoreifett, ergibt festere Konsistenz
Blätterteigfett	lang, plastisch, geschmeidig	pflanzlich, tierisch oder gemischt (auch mit Butterzusatz)	36–44	100%	dehnbar, lange und stabile Struktur	tourierte Teige
Gipfelfett	lang, plastisch, geschmeidig	meist pflanzlich, teilweise mit Zusatz von Butter oder Haselnussaroma	36–43	100%	dehnbare, lange Struktur, etwas weicher als Blätterteigfett	tourierte Hefeteige
Gipfelmargarine	lang, plastisch, geschmeidig	pflanzlich oder gemischt (pflanzlich und tierisch), meist mit Zusatz von Butter oder Aromen	36–43	mind. 80%	dehnbare, lange Struktur, etwas weicher als Blätterteigmargarine	tourierte Hefeteige
Blätterteigmargarine	lang, plastisch, geschmeidig	pflanzlich, tierisch oder gemischt	36–45	mind. 80%	dehnbare, lange und stabile Struktur, etwas fester als Gipfelmargarine	tourierte Teige
Patisseriemargarine	butterähnlich, kurze Struktur	meist pflanzlich, teilweise mit Butterzusatz oder Aromen	34–48	mind. 80%	Butterersatz	Cremen, Massen, Teige
Minarine	weich, streichfähig	meist pflanzlich, teilweise gemischt mit tierischen Fettstoffen	32–37	mind. 39% max. 41%	weniger Energiewert durch höheren Wassergehalt	anstelle von Butter zum Frühstück (nicht zum Braten geeignet)

Schmelzpunkt

Fettstoffe werden nach ihrer Konsistenz bei Raumtemperatur klassifiziert.
- Feste Form = Fette → Fette sind bei Raumtemperatur fest
- Flüssige Form = Öle → Öle sind bei Raumtemperatur flüssig

Öle sind Fettstoffe mit niedrigem Schmelzpunkt. Öle bleiben bei Raumtemperaturen um 20°C flüssig. Beispiel: Kokosöl, das in den Tropen flüssig verladen wird, kommt in festem Zustand in den europäischen Häfen an und wird als Kokosfett bezeichnet. Ob ein Fettstoff als Fett (fest) oder als Öl (flüssig) bezeichnet wird, ist also einzig vom Schmelzpunkt abhängig.

Herkunft

PFLANZENFETT (VEGETABILE FETTSTOFFE)

Fette	Öle
• Kokosfett	• Sonnenblumenöl
• Nussfett	• Olivenöl
• Kakaobutter	• Rapsöl
• Palmkernfett	• Erdnussöl
	• Palmöl
	• Sojaöl
	• Distelöl

TIERFETT (ANIMALISCHE FETTSTOFFE)

Milchfett	Körperfett
• Butter (Fettgehalt 82%)	• Schweinefett
• Butterreinfett (Fettgehalt 100%)	• Rinderfett
	• Fischfette

Volumenzunahme

Volumenzunahme in Liter (Litergewicht)

Beim Aufschlagen entwickeln die verschiedenen Fettstoffe unterschiedliche Volumen. Fettgehalt und Wasseranteil sind dafür massgeblich.

1. Bäckereifett, 100%
2. Konditoreifett, 100%
3. Butterplatten, 82–84%
4. Patisseriemargarine, mind. 80%
5. Minarine, 39–41%
6. Butterblock, 82–84%

Verderb

Fettstoffe verändern sich bereits durch geringe äussere Einflüsse (besonders Licht und Wärme) und neigen daher stark zum Verderb. Die komplizierten chemischen und mikrobiologischen Vorgänge, die sich dabei abspielen, führen meist auch zu geschmacklichen Veränderungen, die mit dem Geruchssinn wahrgenommen werden.

Je nach Art der Veränderung unterscheidet man hauptsächlich zwischen:
- ranzig
- seifig

CHEMISCHER PROZESS (OXIDATION)	BIOLOGISCHER UND BIOCHEMISCHER PROZESS	CHEMISCHE AUFSPALTUNG
Sauerstoff, Licht, Wärme, Spuren von Metallen (Eisen, Kupfer) beschleunigen die Spaltung von Fettstoffen in Glycerin und Fettsäuren (Autoxidation)	Fettspaltende Enzyme (Lipasen) oder Mikroorganismen (Hefen, Schimmelpilze, Bakterien) beschleunigen die hydrolytische Spaltung	Laugen, Triebmittel (ungenügend aufgelöst) und Wasser können zur Verseifung von Fettstoffen führen
Ranzigwerden	**Ranzigwerden**	**Seifigwerden**

Lagerung

Um dem Fettverderb entgegenzuwirken, werden den Fettstoffen sowohl synthetische Wirkstoffe als auch natürliche Antioxidantien wie Vitamin E (Tocopherole) zugesetzt.

Bei der Lagerung von Fettstoffen sind folgende Punkte zu berücksichtigen:
- Da Fettstoffe sehr leicht fremde Gerüche annehmen, sind Behälter und Verpackungen möglichst gut zu verschliessen.
- Um eine Autoxidation zu verhindern müssen Fettstoffe kühl, trocken, vor Licht geschützt und gut verschlossen (Schutz vor Sauerstoff) gelagert werden.
- Fettstoffe nicht mit schmutzigen Fingern oder Arbeitsgeräten berühren, dies kann zu Schimmelbefall oder Zersetzung des Fettstoffes führen.
- Mehlstaub möglichst fernhalten, da dieser ebenfalls eine Zersetzung des Fettstoffes hervorrufen kann.
- Keine Metallgefässe aus Eisen oder Kupfer zur Lagerung verwenden, dies kann zu einer Autoxidation führen.

Einflüsse auf die Produkte

Fettstoffe können folgende Punkte in Produkten beeinflussen:
- Mürbheit/Struktur
- Trennmittel
- Geschmack
- Dehnbarkeit
- Volumen
- Färbung
- Konsistenz

TEIGE
Blätterteige
Als Fettstoffe können Butter, Margarine und 100-prozentige Fette eingesetzt werden. Frische reine Butter besitzt einen sehr milden, angenehmen Geschmack. Die speziell für Blätterteig hergestellten Margarinen und Fette haben eine lange, plastische Beschaffenheit, was die Verarbeitung vereinfacht und gleichzeitig die Trennfähigkeit des Teigs begünstigt. 100-prozentiges Fett enthält kein Wasser. Die Mengenzugabe kann deshalb um 17–20 % (Wassergehalt der Butter oder Margarine) gekürzt werden. Der Fettstoff beeinflusst das Volumen, so wie den Geschmack.

Honigteige
Der Honigteig wird durch eine Fettbeigabe mürber und feinporiger, was sich auf die Frischhaltung positiv auswirken kann. Bereits eine geringe Fettbeigabe bewirkt aber schon eine ziemlich grosse Volumeneinbusse.

Süsse Butterteige
Die Butter kann durch Margarine oder 100-prozentige Fette ersetzt werden. Dabei ist zu berücksichtigen, dass Fett kein Wasser enthält und deshalb dem Teig zusätzlich 15–20 % Flüssigkeit (Milch) beigegeben werden muss. Achtung: Butterersatz vermindert die Geschmacksqualität.

Süsse Mürbteige
Die hohe Fettbeigabe macht die Teige weicher und die Gebäcke mürber. Das Fett umschliesst die Mehlpartikel und ist bei idealer Temperatur auch verantwortlich für die Dehnbarkeit beim Ausrollen.

Geriebene Teige
Butter kann durch andere Fette, z.B. durch einen Teil Schweinefett, ersetzt werden. Damit wird eine mürbere Struktur erzielt, Schweinefett verändert aber den Teig geschmacklich. Die Teige weisen durch die hohe Fettbeigabe eine kurze Struktur auf und ziehen sich beim Backen nicht zusammen. Durch das Reiben von Fett und Mehl werden die Glutenpartikel mit Fett umhüllt. Dadurch nimmt der Glutenanteil weniger Flüssigkeit auf, und der Teig wird weniger schnell zäh.

Strudelteige
Es wird Öl beigegeben, damit der Teig die nötige Geschmeidigkeit erhält, um ihn sehr dünn auszurollen und dünn ziehen zu können. Meistens wird ein geschmacksneutrales Öl verwendet, z.B. Sonnenblumenöl oder Rapsöl.

MASSEN
Biscuitmasse
Butter dient vor allem zur Verbesserung der Qualität. Das Austrocknen eines Gebäcks wird verzögert, da die Krume auf Kosten des Volumens kompakter und saftiger wird.

Mengenbeigabe:
- warme Masse max. 80 % der Zuckermenge
- kalte Masse max. 50 % der Zuckermenge

Buttermasse
Butter lässt sich bei 20–24 °C am besten aufschlagen. Durch das Einschlagen von Luft vergrössert sich das Volumen und die Zutaten können besser beigemischt werden. Anstelle von Butter können auch Margarine und andere Fettstoffe verwendet werden. Auch die Herstellung mit Öl ist möglich: dies ergibt eine feinporige, lockere Krume in der Buttermasse.

Cremen
Grundsätzlich kann jeder Creme Fettstoff beigegeben werden. Es macht die Creme geschmeidiger, feiner aber auch kalorienreicher. Je nach Fettstoff wird der Geschmack, die Konsistenz aber auch das Volumen beeinflusst. Aus Qualitätsgründen wird wenn möglich Butter eingesetzt. Damit eine lange Haltbarkeit gewährleistet ist, wird bei Dauercremen Fettstoff eingesetzt, welcher einen möglichst tiefen Wassergehalt aufweist.

Die Butter
AUS PASTEURISIERTEM RAHM

Le Beurre
DE LA CRÈME PASTEURISÉE

Il Burro
CON PANNA PASTORIZZATA

FÜR DIE WARME UND KALTE KÜCHE
1000 g

SUISSE GARANTIE

Cremo
Emmi
Rahm

DAS IDEALE PRODUKT
Milch- und Milchprodukte

Milch

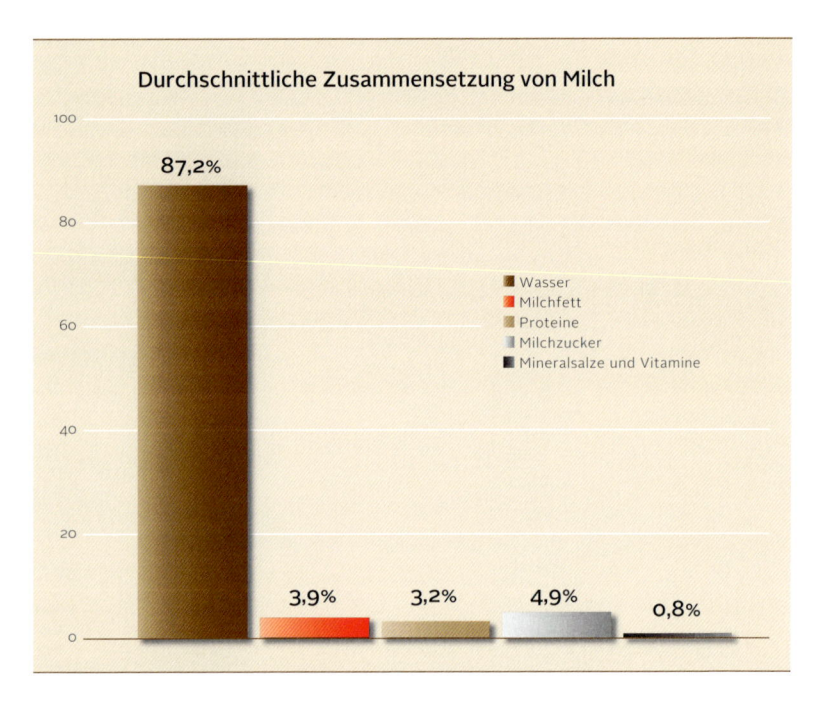

Durchschnittliche Zusammensetzung von Milch

- Wasser: 87,2%
- Milchfett: 3,9%
- Proteine: 3,2%
- Milchzucker: 4,9%
- Mineralsalze und Vitamine: 0,8%

Unter der Bezeichnung «Milch» ist Kuhmilch zu verstehen. Milch anderer Säugetiere muss entsprechend bezeichnet werden.

Rahm

Lässt man Rohmilch stehen, sammeln sich an ihrer Oberfläche die Milchfettkügelchen und bilden den Rahm.

Volumenzunahme in Liter (Litergewicht)
Die meisten abgepackten Rahmsorten beinhalten Stabilisatoren und Emulgatoren. Für Konditoreiprodukte sind Fett/Wassergehalt sowie Aufschlagfähigkeit entscheidend für das Endprodukt. Der Fett/Wassergehalt ist massgeblich an der Haltbarkeit und an der Zusammenstellung der Rezeptur des Produktes beteiligt.

RAHMSORTE	FETTGEHALT	LITERGEWICHT
Doppelrahm	45%	ca. 650 g
Vollrahm	35%	ca. 300–450 g
Halbrahm	25%	ca. 350 g
Kaffeerahm	15%	ca. 300 g
Sauerrahm	35%	ca. 650 g

Das ideale Produkt **Konditorei** Milch- und Milchprodukte 53

Durch Einschlagen oder Einblasen von Luft entsteht Schlagrahm. Je nach System variiert das optimale Volumen von ca. 300 g (Rahmbläser) bis ca. 450 g (Aufschlagmaschine).

IDEALE VORAUSSETZUNGEN	SCHLECHTE VORAUSSETZUNGEN
Rahm	• Zu frischer Rahm
Max. 5 °C	• Milchproteine sind schwach
Geräte	• Zu warmer Rahm
Max. 5 °C	• Bei über 10 °C sind die Milchfettbestandteile zu weich
Luft	• Fettgehalt
Je kühler der Raum, desto besser die Resultate (Volumen)	• Zu niedrig
Volumen	Volumen
Bis zu 300 g je Liter	Bis max. 450 g je Liter

Patisseriecreme (Schlagcreme) hat ähnliche Eigenschaften wie Rahm, wird aber aus Milch und pflanzlichen Fettstoffen hergestellt. Beim Verarbeiten müssen die gleichen Bedingungen vorhanden sein.

→ Butter (siehe Fettstoffe)

Quark

Pasteurisierte Magermilch wird durch Milchsäurebakterien und einem geringen Labzusatz zur Gerinnung gebracht. Die Molke wird durch Zentrifugieren abgetrennt.

Verwendung

als Dip, für Saucen, Wähenguss, Füllungen, Gratins, Cremen, Kuchen, Dessert

Joghurt

Naturjoghurt wird nur aus Milch oder Sahne und Milchsäurebakterien hergestellt. Unterschieden wird je nach Fettgehalt:
- Joghurt aus entrahmter Milch (auch Magermilchjoghurt): maximal 0,5 % Fett
- Fettarmer Joghurt: 0,5 – 3,5 % Fett
- Joghurt: mindestens 3,5 % Fett
- Sahnejoghurt (Rahmjoghurt): mindestens 5 % Fett

Verwendung

als Dip, für Saucen, Wähenguss, Füllungen, Gratins, Cremen, Kuchen, Dessert

Wirkung der Milch und Milchprodukte auf das Halbfabrikat und Endprodukt

Milch und Milchprodukte haben folgende Einflüsse auf Teige, Massen, Cremen, Füllungen und Endprodukte:
- Herstellungsprozess
- Konsistenz
- Struktur
- Färbung
- Volumen
- Fettgehalt
- Frischhaltung

TEIGE / MASSEN
In gebackenen Produkten wie Teige und Massen wird durch die Beigabe von Milch und Milchprodukten das Endprodukt folgende Punkte aufweisen:
- Feinere Struktur
- Kräftigere Färbung
- Milchzuckeranteil
- Zarte Kruste
- Feinere Porung
- Verlängerte Frischhaltung

CREMEN
Bei gekochten Cremen wird meistens als Basis mit Milch gearbeitet. Zum Lockern der fertigen Creme wird allerdings Schlagrahm verwendet. Es kann auch Butter, Joghurt und Quark zur Verfeinerung eingesetzt werden, die sich für Fruchtcremen besonders gut eignen.

Wo eine längere Haltbarkeit definiert wird, sollte ein Milchprodukt mit niedrigem Wassergehalt eingesetzt werden, wie z.B. Butter.

FÜLLUNGEN
Die Füllungen werden mit Hilfe von Milchprodukten feiner, resistenter gegen Austrocknen und geschmeidiger in deren Anwendung.

GLASUREN
Bei einer Glasur kann die Flüssigkeit ganz oder teilweise durch Milch oder Rahm ersetzt werden und dadurch den Glanz positiv beeinflussen. Auch die Festigkeit und Elastizität kann so verändert werden.

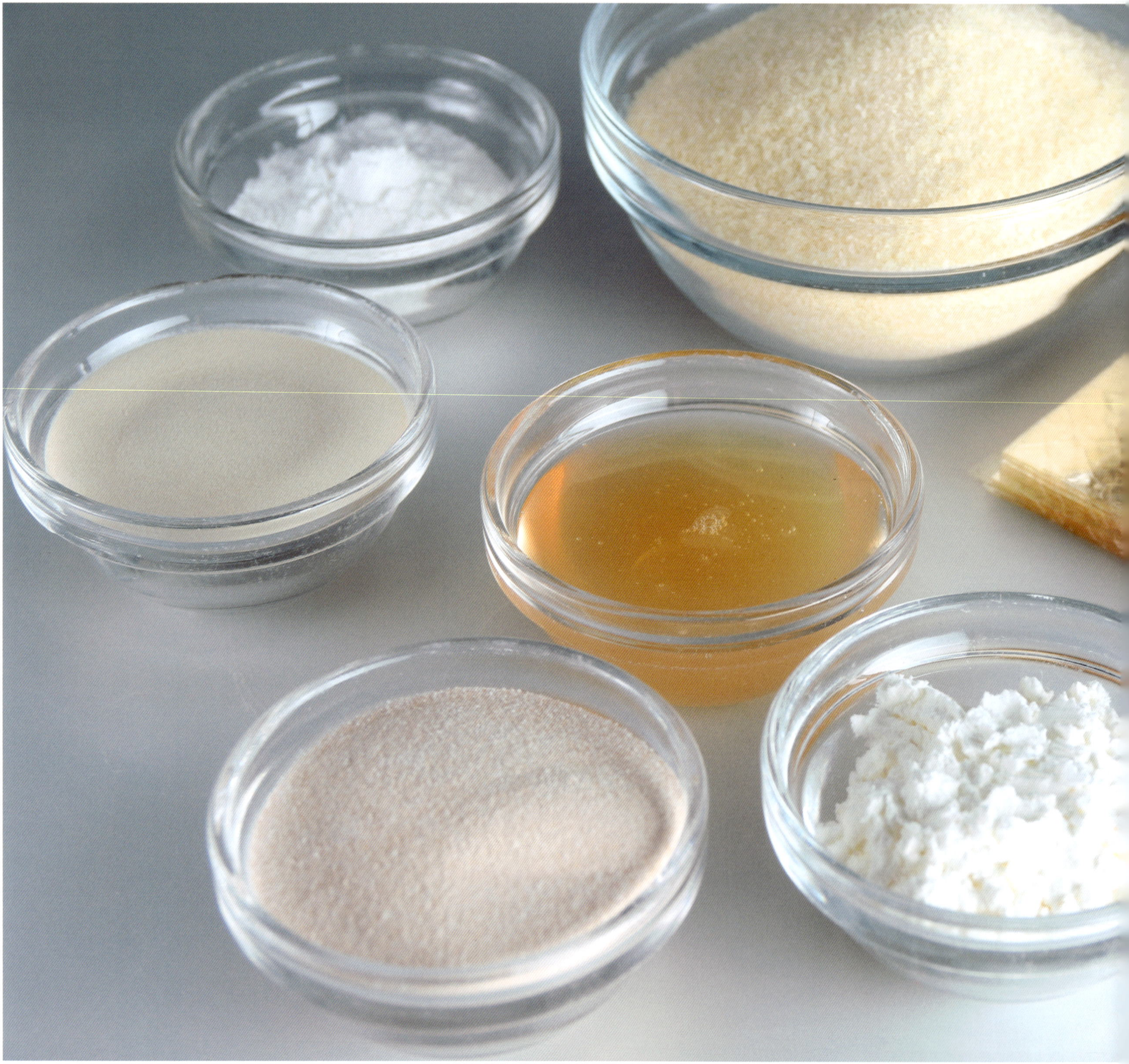

DAS IDEALE PRODUKT

Gelier- und Verdickungsmittel

Herkunft und Eigenschaften

HERKUNFT
Gelier und Verdickungsmittel sind tierische oder pflanzliche Substanzen, die schon in geringster Beigabe Flüssigkeiten binden. Sie reagieren unterschiedlich auf:
- Trockensubstanzanteil
- Säuregehalt (pH-Wert)
- Alkoholbeigabe
- Vorhandensein von z.B fruchteigenen Gelierstoffen
- Enzyme

FUNKTIONELLE EIGENSCHAFTEN
Auf Grund ihrer viskositätserhöhenden Eigenschaften vermögen die quellbaren Substanzen die Konsistenz und Struktur von Produkten wie Cremen, Dessert, Glacen, Pudding, Gelees usw. günstig zu beeinflussen.

Die Wirkung reicht von der Viskositätserhöhung einer Flüssigkeit über die Stabilisierung bis zur schnittfähigen Gelbildung.

Gelier- und Verdickungsmittel sind mehrheitlich geschmacksneutral, können jedoch durch die starke Beeinflussung der Struktur das Aromaempfinden des Produktes beeinflussen.

Funktionelle Eigenschaften

0,5% Gelatine-beigabe	1% Gelatine-beigabe	1,5% Gelatine-beigabe	2% Gelatine-beigabe
Viskositätserhöhung Flüssigkeiten und Cremen werden verdickt	**Stabilisierung** Bessere Standfestigkeit, Verarbeitungs- und Lagerstabilität	**Verdickung** Konsistenzbeeinflussung von Cremen	**Gelbildung** Schnittfeste Cremen, Gelees und Sulze

0,5% — 2%

Geliermittel

BINDEMITTEL	EIGENSCHAFTEN	VERWENDUNG	DOSIERUNG	HERKUNFT
Gelatine	• Quillt in kaltem Wasser • Löst sich bei 40 °C • Bindet beim Abkühlen	Schlagrahm, Cremen, Rahm- und Cremedesserts	• 0,5–1 % Stabilisierung von Schlagrahm und Cremen • 1–2,5 % Binden von schnittfesten Rahm- und Cremedesserts	Knochen, Haut und Sehnen von Tieren
Agar-Agar (E406)	• Quillt in kaltem Wasser • Löst sich bei über 95 °C • Bindet bei 30 °C–40 °C • Schiffrige Struktur	Glace, Sorbets, Füllungen, Bonbons	0,5–5 %	Rotalgen
Carrageenane (E407)	• In kaltem Wasser teilweise löslich • Vollständig bei 70–80 °C • Bindet beim Abkühlen	Glace, Cremen, Pudding, Marmeladen, Tortenguss	0,5–5 %	Rotalgen
Alginate (E400-405)	• Quillt in Wasser • Erhöhung der Viskosität durch Säurebeigabe • Zur Verhinderung der Klumpenbildung wird mit pulverförmigen Zutaten wie Milchpulver, Zucker oder Stärke im Verhältnis 1:10 vorgemischt	Glace- und Cremestabilisatoren, Marmelade, Pudding, Fruchtjoghurt, Gelees und Bonbons	0,1–0,5 %	Braunalgen
Xanthan	• Löslich in Wasser, Basen, Säuren • Wirkt im kalten und warmen Zustand (max. 50° C)	Desserts, Speiseeis, Cremen, Backwaren, Küche, Marmelade, Konfitüren, Gelee	• 1–4 g pro Liter Flüssigkeit • Bei Marmelade, Konfitüren, Gelee höchstens 10 g pro Kilogramm	Fermentation von Maisstärke mit einer Bakterienart wie sie in Kohlgemüse vorkommt
Johannisbrotkernmehl (E410)	• Bindet auch ohne Erhitzung • Löst sich im heissen Wasser • Starke Gelierungseigenschaften	Saucen- und Cremestabilisierung, Bestandteil von Backmittel	0,1–0,5 %	Samen des Johannisbrotbaumes
Guarkernmehl (E412)	• Ähnliche Eigenschaften wie Johannisbrotkernmehl • Viskosität in Gegenwart von Zucker ungünstig beeinflusst	Saucen- und Cremestabilisierung, Bestandteil von Backmittel	0,1–0,5 %	Samen der Guarkernpflanze

BINDEMITTEL	EIGENSCHAFTEN	VERWENDUNG	DOSIERUNG	HERKUNFT
Gummi arabicum (E414)	• Quillt im Wasser • Löst sich beim Erwärmen • Viskosität ist nicht sehr hoch	Glasuren, Oberflächenbehandlung von Lebkuchen, Biber und Mandelkonfekt	15–20 %	Aus dem Akazienbaum
Tragant (E413)	• Quillt im Wasser • Lösungsvorgang durch Rühren begünstigt • Gute Säure- und Hitzeresistenz	Verdickungsmittel für Saucen, Füllungen und Glacen (geschmeidige Struktur), vermischt mit Staubzucker für Schaustücke, Bonbons	1–2 %	Aus dem Astragalusstrauch
Pektin Braunband (E440/Saccharose)	• Löst sich in Wasser • Bindung bei Säurezusatz und Wärme	Verdickungsmittel für Säfte und Cremen	1–5 %	Apfeltrester, Schalen von Zitrusfrüchten
Pektin Gelbband (E440/E337/Saccharose)	• Löst sich in Wasser • Bindung bei Säurezusatz und Wärme	Verdickungsmittel für Säfte, Fruchtmark und Herstellung von Gelee	1–5 %	Apfeltrester, Schalen von Zitrusfrüchten
Pektin Violettband (E440/E452/E333/Saccharose)	• Löst sich in Wasser • Bindung bei Säurezusatz und Wärme	Verdickungsmittel für Marmeladen, Konfitüren	1–5 %	Apfeltrester, Schalen von Zitrusfrüchten
Pektin NH (E440ii/E450i/E341iii/Traubenzucker)	• Löst sich in Wasser • Bindung bei Säurezusatz und Wärme	Verdickungsmittel für Säfte, Fruchtmark und Marmeladen, Herstellung von Gelee, Glasuren	1–5 %	Apfeltrester, Schalen von Zitrusfrüchten
Stärke	• Bindet und Verkleistert bei 50–80 °C	Saucen und Cremen	• 3–5 % binden von Saucen und Cremen • 5–10 % Mittelfeste Cremen • 10–15 % Cremen zum Schneiden und Stürzen	Weizen, Mais, Reis, Kartoffeln, tropische Pflanzen (Sagopalmen, Tapioka, Maniok)
Zitrusfasern (BASIC Textur®)	• Emulgiert bei kalter und warmer Anwendung	Glace, Saucen, Espumas, Cremen	• 5–15 % für Glace/Sorbets • 5–30 % für Farcen • 10–20 % für Suppen • 15–25 % für Saucen, Emulsionen	Aus Albedo (der weissen Schicht der Zitrone) und Wasser

Pulvergelatine/Blattgelatine im Vergleich

PULVERGELATINE
Vorteile
- Immer gleiche Wassermenge zum Quellen
- Kann auf Vorrat vorgequellt werden
- Einkaufspreis günstiger als Blattgelatine
- Genauere Dosierung
- Kann in verschiedenen Flüssigkeiten wie Sirup oder Alkohol aufgelöst werden, die Bestandteil des Rezepts sind

Nachteile
Der Geschmack der Gelatine wird nicht ausgewaschen, da das Wasser, welches zum Quellen benutzt wird, vollständig aufgenommen wird.

BLATTGELATINE
Vorteile
Gelatine-Geschmack wird durch das Einweichen in grosser Wassermenge ausgewaschen.

Nachteile
- Kann nicht auf Vorrat hergestellt werden
- Ungenaues Gewicht durch Abzählen der Blätter
- Ungenaue Wasseraufnahme
- Ungenaues Ausdrücken der Blätter nach dem Quellen
- Teurer Einkaufspreis

Gelatineverarbeitung

HANDHABUNG VON GELATINEVERARBEITUNG

FEHLER	URSACHE	KORREKTUR
Gelatine löst sich schlecht beim Erhitzen	• Zu hoher Pulver-Gelatineanteil zum Wasser • Gelatine zu wenig lange eingeweicht	• Wassergehalt erhöhen (mind. 5 Teile Wasser : 1 Teil Gelatine) • Gelatine länger einweichen (min. 10 min / Wasser 15 °C)
Gelatine quellt nicht richtig	• Zu wenig Wasser / Flüssigkeit vorhanden	• Mehr Flüssigkeit beigeben (mind. 5 Teile Wasser : 1 Teil Gelatine)
Ungewöhnlicher Geschmack	• Blattgelatine zu wenig lange und mit zu wenig Wasser eingeweicht • Gelatine überhitzt (angebrannt)	• Blattgelatine länger einweichen (min. 10 min in reichlich Wasser) • Gasflamme nicht grösser als Pfannenboden (Alternative mit Induktionsgerät oder mit Mikrowelle auflösen)
Zu wenig Bindekraft	• Zu hoher Wasseranteil zu Pulver-Gelatine • Zu hoher Wasseranteil in Blattgelatine (Gelatine zu wenig ausgedrückt)	• Wasser reduzieren oder Gelatine erhöhen (max. 6 Teile Wasser : 1 Teil Gelatine) • Eingeweichte Blattgelatine nach dem Quellen abwägen

Pektinverarbeitung

HANDHABUNG VON PEKTINVERARBEITUNG BEI GELEE

FEHLER	URSACHE	KORREKTUR
Pektinklumpen in der abzubindenden Masse	• Das Pektin nicht mit Zucker oder Dextrose vorgemischt • Pektin am Schluss beigegeben • Zu wenig Flüssigkeit in der Masse	• Pektin immer mit 5 Teilen Zucker oder Dextrose vormischen • Pektin von Anfang an beigeben • Mehr Flüssigkeit beigeben
Zu wenig Bindekraft	• Trockensubstanz am Anfang des Kochprozesses der Masse über 25 % (Pektin kann nicht richtig quellen) • Zu wenig Säure vorhanden • Zu wenig Zucker vorhanden • Temperatur während der Herstellung unter 80 °C • Zu wenig Eigenpektin der Frucht vorhanden	• Weniger Trockensubstanz mit dem Pektin und der Flüssigkeit aufkochen. • Säure der Frucht kontrollieren, mehr Säure beigeben (pH-Wert unter 3,6) • Mehr Zucker beigeben (40–60 %) • Temperatur während der Beigabe des Zuckers möglichst hoch halten (optimal über 80 °C) • Pektingehalt der Frucht kontrollieren

Das ideale Produkt **Konditorei**   Gelier- und Verdickungsmittel   63

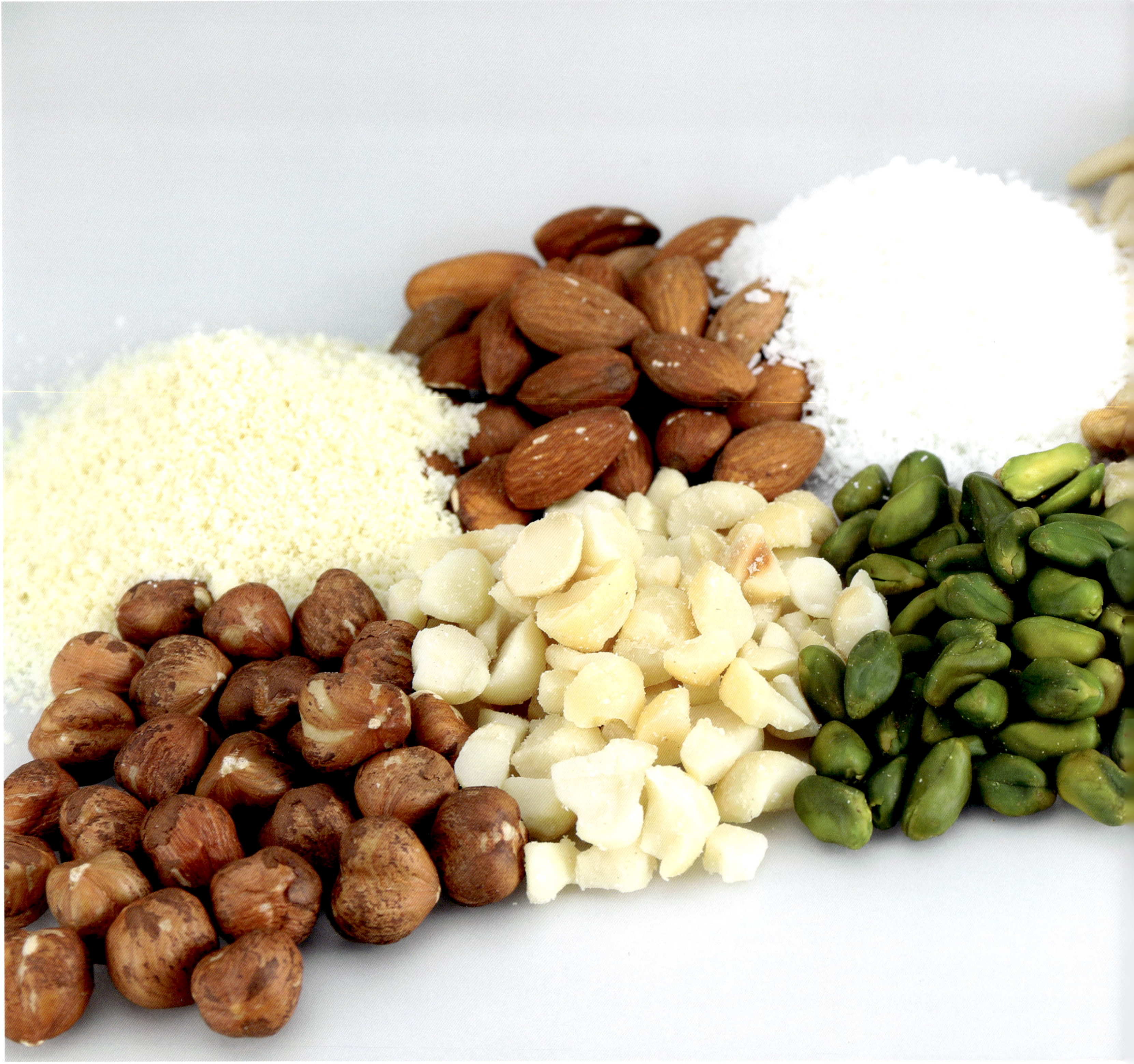

DAS IDEALE PRODUKT

Nüsse und Kerne

Eigenschaften

FETTGEHALT DER JEWEILIGEN NÜSSE

NUSSARTEN	FETTGEHALT
Mandeln/Bittermandeln	45–55%
Haselnüsse	55–65%
Baumnüsse	50–55%
Macadamianüsse	74–76%
Pistazien	50–55%
Kokosnuss	37%
Kopra	60–70%
Kastanien	2–3%
Paranüsse	65–68%
Cashewnüsse	45–47%
Pekannüsse	70–75%
Pinienkerne	50–52%

DAS RÖSTEN VON NÜSSEN

Zu langes Rösten bewirkt, dass sich Bitterstoffe entwickeln und die Nüsse somit ungeniessbar werden.

Beim Rösten ist darauf zu achten, dass die Nüsse langsam (ca. 30 Min.) bei 130–160 °C geröstet werden. Dadurch bekommen die Nüsse eine regelmässige braune Färbung und sind nicht ungleichmässig oder zu dunkel geröstet. Das Aroma der Nüsse wird zudem bei niedrigeren Temperaturen besser erhalten.

DAS ÖLIGWERDEN VON NÜSSEN

Zu langes Mahlen bzw. Walzen bewirkt, dass die Zellwände brechen, das vorhandene Fett in den Nüssen austritt und die Nüsse ölig werden. Bei fetthaltigeren Nüssen passiert dies schneller als bei fettärmeren Nüssen.

Lagerung

Haltbarkeit der Nüsse hängt von der richtigen Lagerung ab

Wie lagert man Nüsse richtig? Nicht jede Nusssorte ist gleich lang haltbar. Dies hängt von unterschiedlichen Faktoren ab. Dabei spielt der hohe Fettgehalt eine wesentliche Rolle. Damit das Öl der Nüsse nicht ranzig wird, ist eine richtige Lagerung zu beachten.

Grundsätzlich gilt

Nüsse sollten kühl (10–16 °C ist optimal), dunkel, trocken und gut verpackt gelagert werden. Zu viel Wärme, Licht und Feuchtigkeit wirken sich negativ auf die Haltbarkeit aus. Diese Gefahr ist gerade bei zerkleinerten und geschälten Nüssen grösser. Ganz und ungeschält sind Nüsse bei sachgerechter Lagerung monatelang haltbar.

Wenn es im Wohnraum oder Keller zu warm ist (über 23–25 °C), sollte eine angebrochene Verpackung am besten im Kühlschrank aufbewahrt werden. Bei der Lagerung von Nüssen im Kühlschrank ist es unabdingbar, diese – so gut es geht – gegen Luftzirkulation zu schützen, da das Öl der Nüsse die im Kühlschrank zirkulierenden Duftstoffe von Käse, Fleisch oder Kräutern sowie die vorhandene Feuchtigkeit annehmen kann. Im Kühlschrank gut verpackt sind sie dann maximal bis zu vier Wochen haltbar.

Geschälte Nüsse eigenen sich sogar auch zum Einfrieren. In einem geruchsneutralen Eisfach lassen sie sich bis zu zwölf Monate lang lagern. Am besten ist es, angebrochene Nusspackungen und zerkleinerte Nüsse immer in luftdicht schliessenden Gefässen aufzubewahren, da Nüsse – wie schon erwähnt – aufgrund ihres Fettgehaltes schnell Gerüche aus der Umgebung aufnehmen können.

Herkunft und Sorte

NUSSART	LAND	HERKUNFT/SORTEN	EIGENSCHAFTEN/ QUALITÄTSMERKMALE	HANDELSFORMEN	VERWENDUNG
Haselnüsse	Türkei	Levantiner	• eher runde Kerne	Handelsübliche Kaliber:	• Pralinemasse
		Akçakoca	• kräftiges Aroma	• 9/11	• Gianduja
		Kerassunder	• reich an Eiweiss und Vitaminen	• 11/13	• Japonaismasse
		Ordu	• helle, braune Haut	• 13/15	• Makronenmasse
		Trabzunder	• frischer Geruch und Geschmack	Bearbeitete Kerne:	• Biscuitmasse
				• gehackt	• Buttermassen
				• gemahlen	• Füllungen
				• geröstet	• Teige
	Italien	Mortarelle	• fein im Geschmack	Handelsübliche Kaliber:	• Dekor
		Römer	• fein im Geschmack	• 9/11	
			• schöne, runde Kerne	• 11/13	
				• 13/15	
		Piemonteser	• fein im Geschmack	Bearbeitete Kerne:	
			• ideal für Dekorzwecke	• gehackt	
				• gemahlen	
		Giffoni	• hell bis dunkelbraune Kerne	• geröstet	
				• in Pastenform	
	Spanien	Tarragoner	• kräftiger Geschmack	Vorwiegend kalibriert 11/13	
		Negretas	• bei kleinen Kernen hoher Hautanteil, dies führt zu einem leicht bitteren Geschmack		
Baumnüsse	Italien	Sorento	Zwei verschiedenen Sorten:	• Halbe- oder Viertelbruch	• Füllungen
			• länglich und leicht spitzig	• Ganze Kerne	• Pralines
			• rundlich und kleiner	• Kalibriert	• Patisserie
	Frankreich	Grenoble	• bevorzugte Qualität		• Torten
			• kräftiges Aroma		• Stücksachen
			• helle Farbe		(Engadiner Nusstorte)
	USA	Kalifornien	• mild im Aroma		• Konfekt
	Indien		• starke Qualitätsschwankungen		• Dekormaterial
					• Spezialbrote (Früchte- und Birnenbrot)
					• Backwaren

Nüsse und Kerne

NUSSART	LAND	HERKUNFT/SORTEN	EIGENSCHAFTEN/ QUALITÄTSMERKMALE	HANDELSFORMEN	VERWENDUNG
Pistazien	Iran		• sehr aromatisch • lebhafte grüne Farbe	Kalibriert ca. 15 mm, ca. Ø 7 mm	• Massen • Füllungen
	USA	Kalifornien	• weniger kräftiges Aroma		• Backwaren
	Türkei		• grüne Farbe (Qualitätsmerkmal)		• Konfekt
	Italien	Sizilien	je grüner, desto edler		• Schokoladenartikel
	Tunesien				• Glacen • Dekorzwecke
Mandeln	USA	Nonpareil Carmel California Neplus Mission	• Kalifornische Mandeln zeichnen sich durch grosse, schöne Kerne aus • sehr mild und süss	Handelsüblicher Kaliber: • $^{23}/_{25}$ • $^{25}/_{27}$ Bearbeitete Kerne: • gehackt • gemahlen	• Marzipan • Gianduja • Japonaismassen • Biscuitmassen • Buttermassen • Krokant
	Spanien	Valencia Largueta Mallorca Marcona	• kräftiger, würziger Geschmack • Farbe der Kernen etwas dunkler als Kalifornische • Bittermandelanteil bei rohen Mandeln bis zu 3%	Handelsüblicher Kaliber • $^{18}/_{20}$ • $^{23}/_{25}$ Bearbeitete Kerne: • gehackt • gemahlen	• Makronenmassen • Pralinemassen • Japonaismassen • Biscuitmassen • Teige • Füllungen
	Italien	Bari Palm-Girenti			
Bittermandeln	Italien Spanien	Sizilien	• Abstammung: wild wachsender Mandelbaum • Bitter, herb • Bitterstoff (Amygdalin)	Unkalibriert	Aromatisieren von Teigen, Massen, etc.

Kalibrierung

Skala für die Einstufung von Nüssen:

Haselnüsse $^{11}/_{13}$ → Ø 11–13 mm

Mandeln $^{18}/_{20}$ → 1 Unze (28 g) = 18–20 Stück Mandeln

Weiteren Informationen zu Nüsse und Kerne finden Sie im Grundlagenbuch S. 271–275.

Verwendung von Nüssen und Kernen

TEIGE
Die Beigabemenge sollte das Zuckergewicht mengenmässig nicht übersteigen. Die Wasseraufnahmemöglichkeit von der jeweiligen Granulation ist zu berücksichtigen. Gemahlene Nüsse und Kerne sollten mit Flüssigkeit angefeuchtet werden und eine ähnliche Konsistenz wie der Teig aufweisen. Grob gehackte Nüsse oder Kerne können ohne Rezeptänderung beigegeben werden.

MASSEN

Biscuitmassen
Grob gehackte Nüsse und Kerne können ohne Rezeptanpassung beigegeben werden. Werden gemahlene Nüsse und Kerne beigemischt, muss der Mehlanteil um ⅓ des Kernengewichts reduziert werden (Quellung der Nüsse und Kerne). Die Beigabemenge sollte nicht höher sein als das Zuckergewicht.

Buttermassen
Grobgehackte Nüsse und Kerne haben keinen Einfluss auf die Konsistenz und können zusätzlich beigegeben werden. Die festen Beigaben sollten jedoch 20–30 % der Gesamtmenge nicht übersteigen. Feingemahlene Nüsse und Kerne nehmen Feuchtigkeit auf und können mit ⅓ Wasser vorgängig angerührt werden. Streichfähige Massen können ohne Rezeptanpassung in der Höhe des Mehlgewichts beigegeben werden. Es besteht auch die Möglichkeit, das Rezept anzupassen, d. h. pro 300 g gemahlener Nüsse 100 g Mehl weniger verwenden.

Schneemassen
Die Beigabemenge von Nüssen und Kernen beträgt bei einer Japonaismasse maximal ⅔ der Zuckermenge. Bei einer Zünglimasse ist der Nussanteil gleichhoch wie die Zuckerbeigabe.

Abgeröstete Massen
Für Kokosmakronen wird die Hälfte des Zuckergewichts, fein geraspelte Kokosnuss verwendet. Bei Sebastopol wird ca. ⅔ fein geraspelte Nüsse oder Kerne verwendet.

Makronenmassen
Je nach Feuchtigkeitsgehalt und Feinheit der Nüsse und Kerne muss die Eiweissbeigabe angepasst werden.

FÜLLUNGEN

Haselnussfüllung
Damit das Aroma verstärkt werden kann, werden die Haselnüsse bei ca. 130–150 °C geröstet. Die Aromastoffe sind an das Fett gebunden, sie lösen sich durch die Wärme und können durch den Geruchsinn wahrgenommen werden.

Mandelmasse
Die ganzen Mandeln müssen vorgängig eingeweicht werden, damit die Masse weniger schnell ölig wird. Das Zucker Mandel Verhältnis ist 1 : 1.

Kastanienpüree
Die Kastanien werden weich gekocht und erst dann mit den restlichen Zutaten weiterverarbeitet.

COINTREAU
CONCENTRÉ
ARÔME NATUREL
60% vol.
USAGE RÉSERVÉ AUX PROFESSIONNELS
AOP VALAIS
Red Label
BY APPOINTMENT TO HER MAJESTY THE QUEEN SCOTCH WHISKY
DISTILLERS JOHN WALKER AND SONS LIMITED LONDON
JOHNNIE WALKER
Red Label
OLD SCOTCH WHISKY
DISTILLED, BLENDED AND BOTTLED IN SCOTLAND
Johnnie Walker
EXPORT

DAS IDEALE PRODUKT
Spirituosen

Brände

ÜBERSICHT DER IN DER KONDITOREI GEBRÄUCHLICHSTEN BRÄNDE

BRÄNDE	GEWINNUNG
Armagnac	Destillat aus Wein
Arrak	Destillat von Reis und Zuckerrohrmelasse
Calvados	Destillat auf Apfelwein
Cognac	Destillat aus Wein
Gin	Destillat aus Korn- oder Melassesprit, der Wacholderbeeren und andere aromatische pflanzliche Stoffe enthält
Tresterbrand (z.B. Marc/Grappa)	Destillat aus vergorenem Traubentrester oder Traubentrester und Weindrusen
Kirsch	Destillat aus Kirschen
Rum	Destillat aus Zuckerrohrmelasse, Färbung durch Zuckercouleur
Brandy	Destillat aus Wein
Obstbrand (Träsch)	Destillat aus Kernobst (Birnen- und/oder Apfeltrester)
Weinbrand	Destillat aus beliebigen Weinen
Whisky	Destillat aus Gerste, Weizen, Roggen oder Mais
Williams	Destillat aus Williamsbirnen
Wodka	Destillat aus Getreide, oft mit allerlei Gewürzen und anderen pflanzlichen Aromastoffen ergänzt

VERWENDUNG
- Befeuchten von Biscuits (vermischt mit einem Zuckersirup von 30° Bé)
- Aromatisieren von Massen, Cremen, Füllungen, Glace, Desserts, Confiserieartikeln, Sulzen usw.
- Sirup für Likörbonbons
- Marinieren von Früchten, z.B. Cakefrüchte
- Konservieren, z.B. Griottes (eingelegt in Alkohol)
- Ablöschen beim Kochen
- Zum Flambieren von Früchten, Desserts, Fleischgerichten usw.

Liköre

Liköre sind trinkfertige Mischungen von Branntwein (Trinksprit), Zuckersirup und Geschmacksstoffen. Wenn nötig, werden sie mit destilliertem Wasser auf den gewünschten Alkoholgehalt verdünnt. Alkoholgehalt mind. 15 Vol.-%.

ÜBERSICHT DER GEBRÄUCHLICHSTEN LIKÖRE IN DER KONDITOREI

LIKÖRE	GEWINNUNG
Amaretto	Bittermandellikör
Cherry Brandy	Kirschsaftlikör, der durch Einlegen von Kirschen in Alkohol hergestellt wird
Cointreau	Aus Orangenschalen
Baileys	Rahmlikör mit Whisky
Curaçao	Aus einer Orangenart
Grand Marnier	Aus Orangen mit Cognac
Maraschino	Aus Maraska-Kirschen

VERWENDUNG

Liköre können durch ihren niedrigen Alkoholgehalt und das milde Aroma meistens ohne Sirupbeigabe zum Befeuchten von Biscuits oder zum Abrunden von Fruchtaromen verwendet werden. Zum Aromatisieren von Ganachen und Füllungen eignen sie sich weniger, weil die Beigabe zu hoch dosiert werden müsste.

Ausnahmen

Für den gewerblichen Gebrauch werden auch Mischungen als Konzentrate ohne Zucker angeboten. Der Vorteil ist, dass das Aroma konzentrierter ist. Sie sind deshalb ergiebiger und zum Aromatisieren geeignet.

Bekannte in Literflaschen erhältliche Sorten:
- Cointreau concentré 60 Vol.-%
- Grand Marnier Extrait Orange 50 Vol.-%

Eigenschaften und Lagerung

EIGENSCHAFTEN

Geschmack
Alkoholgehalt sowie Geruchs- und Geschmacksstoffe machen Spirituosen zu wertvollen Zutaten in der Konditorei-Confiserie. Es ist zu empfehlen, qualitativ hochstehende Spirituosen mit reinem, kräftigem Aroma einzusetzen und auf den jeweiligen Verwendungszweck abzustimmen.

Konservierung
Alkohol wirkt hemmend auf sich entwickelnde Keime.

Konsistenz
Alkohol wirkt als Weichmacher (konsistenzbestimmend) in Tiefkühlprodukten (z.B. Glacen). Dies kann mit einer Reduktion der Zuckermenge im Rezept kompensiert werden.

LAGERUNG
Um den Alkoholgehalt sowie Geruchs- und Geschmacksstoffe zu erhalten, müssen folgende Lagerbedingungen eingehalten werden.

Lagerbedingungen
- Alkohol und Aromastoffe verflüchtigen sich rasch, daher Flaschen immer gut verschlossen lagern.
- Spirituosen sind wegen ihres Alkohol- und Zuckergehalts sehr lange lagerfähig.
- Spirituosen immer kühl und dunkel lagern und nie dem direkten Sonnenlicht aussetzen.

Das ideale Produkt **Konditorei**   Spirituosen

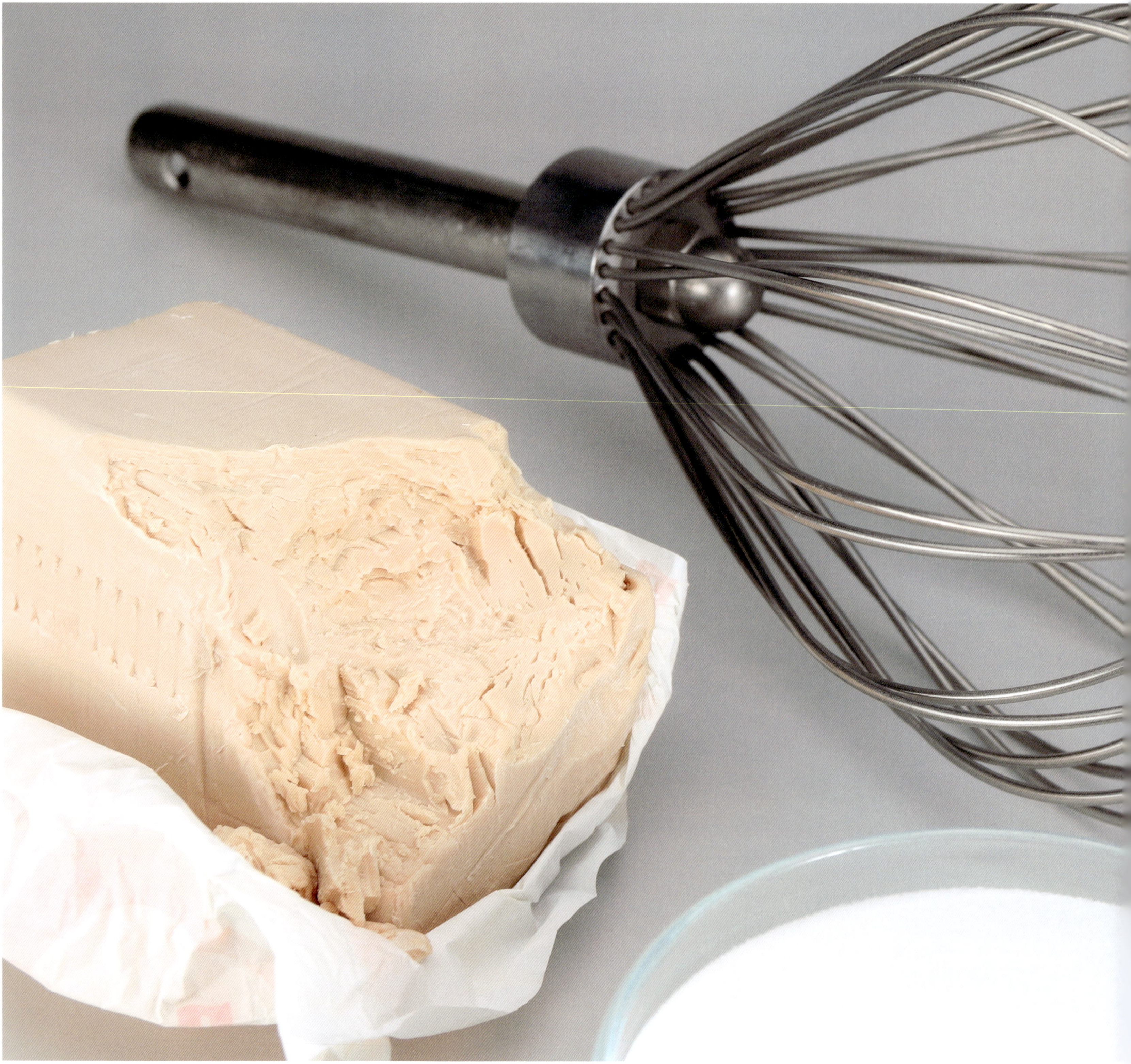

DAS IDEALE PRODUKT

Trieb- und Lockerungsmittel

Arten und Wirkung

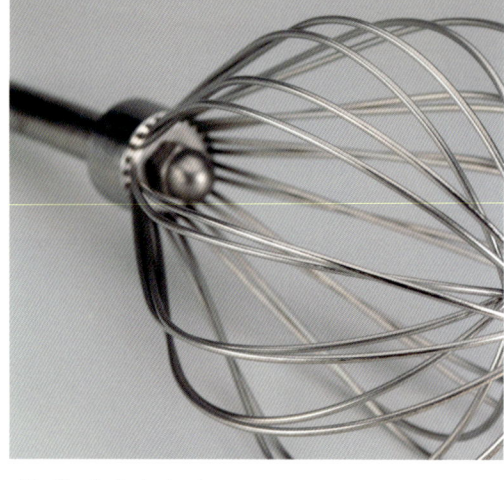

1 Biologische Lockerung

2 Physikalische Lockerung

3 Chemische Lockerung

Bei der Herstellung von Bäckerei- und Konditoreiprodukten spielen Trieb- und Lockerungsmittel eine bedeutende Rolle. Wir unterscheiden zwischen:
- Biologische Lockerung
- Physikalische Lockerung
- Chemische Lockerung

In der Konditorei wird hauptsächlich die physikalische und chemische Lockerung angewendet.

BIOLOGISCHE LOCKERUNG
Ausführliche Informationen zur biologischen Lockerung sind im Fachbuch «Das ideale Produkt – Bäckerei», Seite 28 ausführlich beschrieben und werden an dieser Stelle nicht wiederholt.

PHYSIKALISCHE LOCKERUNG
Die physikalische Lockerung kommt beispielsweise bei Biscuit- und Schneemassen, Blätterteigen und bei tourierten Hefeteigen (in Kombination mit der biologischen Lockerung) zur Anwendung.

Wirkung bei Biscuit- und Schneemassen (Lufteinbindung)
Die Lufteinbindung erfolgt auf mechanische Weise, wobei Aufschlagsvolumen und Stabilität durch die Art der Feinverteilung beeinflusst werden.

Die Proteine wirken als oberflächenaktive Substanzen. Es bildet sich zwischen der Gas- und Flüssigkeitsphase eine feine, hautähnliche Schicht, die dem Schaum Stabilität verleiht und die Volumenvergrösserung ermöglicht. Durch die Ausdehnung der Luft beim Backprozess nimmt das Volumen nochmals zu.

Wirkung bei Blätterteig (Wasserdampf)

Beim Blätterteig basiert die physikalische Lockerung auf der Bildung von Wasserdampf beim Backen. Durch das Tourieren entstehen Fett- und Teigschichten.

Das Fett schmilzt während des Backprozesses und bleibt als Schicht zwischen den einzelnen Teiglagen. Bei weiterer Temperaturerhöhung koaguliert das Glutenprotein, und das gebundene Wasser wird freigesetzt. Das flüssige Fett verhindert die Wasseraufnahme und isoliert die einzelnen Stärkekörner, deshalb befindet sich freies Wasser im Teig. Dieses freie Wasser verdampft beim Backprozess und führt somit zu einer massiven Volumenzunahme (10–12-fach) und einer blättrigen Struktur der Gebäcke.

CHEMISCHE LOCKERUNG

Die Wirkung der chemischen Triebmittel beruht auf der Freisetzung von Gasen, was eine Lockerung des Backgutes bewirkt. Je nach Art der Lockerungsmittel wird bereits bei der Verarbeitung bei Raumtemperatur, bei der Lagerung der Teige und beim Erwärmen Gas freigesetzt. Die eigentliche Gasentwicklung, d.h. der Trieb, erfolgt erst beim Backprozess.

Einsatz der chemischen Triebmittel

TRIEBMITTEL	CHEMISCHE BEZEICHNUNG
Backpulver	Backpulver (Dinatriumdihydrogendiphosphat, $Na_2H_2P_2O_7$) sind Gemische von Natriumhydrogencarbonat, einem oder mehreren Säureträgern und Stärke als Trennmittel
Triebsalz	Ammoniumhydrogencarbonat, NH_4HCO_3 (wird auch als Hirschhornsalz bezeichnet)
Pottasche	Kaliumcarbonat, K_2CO_3
Natron	Natriumhydrogencarbonat, $NaHCO_3$ (Bestandteil des Backpulvers)

Verwendung und Dosierung

BACKPULVER

Verwendung

In der Regel bei allen Produkten, wo eine physikalische oder biologische Lockerung nicht mehr ausreicht:
- bei fett- und zuckerreichen Produkten
- bei Butter- und schweren Biscuitmassen zur Unterstützung der physikalischen Lockerung
- Spezialgebäcke für Personen, die allergisch auf Backhefe reagieren

Hinweis

Backpulver wird, um eine vorzeitige Reaktion zu vermeiden, mit dem Mehl vermischt, abgesiebt und beigegeben. Produkte mit Backpulverbeigabe sofort backen, weil bereits durch die Feuchtigkeitsbeigabe eine Reaktion einsetzt.

TRIEBSALZ (AMMONIUMBICARBONAT)

Eigenschaften

- Geruch- und geschmacksintensiv (Ammoniak, NH3)
- Intensive Gasproduktion (starker Trieb vorhanden)
- Schnelles Austrocknen der Gebäcke

Verwendung

Nur für flache Gebäcke (Lebkuchen, Teegebäcke) verwenden, damit sich das Ammoniakgas vollständig verflüchtigen kann.

Hinweis

Triebsalz wird in kaltem Wasser gelöst (1 Teil Triebsalz, 5 Teile Wasser). Kleine Mengen werden direkt dem Mehl beigegeben. Wenn das Triebsalz beigegeben wird, muss die Teigtemperatur unter 30 °C sein, weil sonst die Gasproduktion beginnt.

POTTASCHE (KALIUMCARBONAT)

Eigenschaften

- Kaliumcarbonat gibt den typischen, leicht laugigen Geschmack
- Ist wasseranziehend (hygroskopisch) und muss daher trocken und gut verschlossen gelagert werden
- Greift Metallgefässe, vor allem aus Aluminium, an (Glasbehälter zur Aufbewahrung verwenden)

Verwendung

Praktisch ausschliesslich für Honigteige, bei denen während der Lagerung Milchsäure gebildet wird, dadurch werden die Teige gelockert. Nebst der Lockerung hat Pottasche vor allem funktionelle Eigenschaften zu erfüllen:
- Dehnbare Teigbeschaffenheit
- Feuchthaltung der Gebäcke

Hinweis

Pottasche in wenig Flüssigkeit (1:1) auflösen. Nicht zusammen mit dem Triebsalz auflösen, da sich Pottasche durch die Reaktion mit Wasser stark erwärmt.

Verseifungsgefahr

Bei direktem Kontakt mit Fettstoff kann eine Verseifung auftreten, die zum Gebäckverderb führt.

NATRON (NATRIUMHYDROGENCARBONAT)

Eigenschaften

Lagerteige (z.B. Lebkuchen):
Natron kann verwendet werden, wenn genügend Säuren zum Zerfall des Natrons zur Verfügung stehen.

Frischteige (z.B. Luzerner Lebkuchen):
Ohne zusätzliche Säurebeigabe kann Natron nur durch Wärme wirksam werden. Deshalb wird hierbei nur ein Teil des Kohlendioxids ausgetrieben. Es bleibt Natriumcarbonat (Soda) zurück. Soda ist laugig und verleiht dem Teig eine nachlassende, fliessende Beschaffenheit. Das fertige Gebäck hat einen laugigen Beigeschmack.

Verwendung
Natron wird für Gebäcke verwendet, bei denen ein typischer Laugengeschmack erwünscht ist, z.B. Luzerner Lebkuchen.

Hinweis
Natron mit dem Mehl absieben oder in der Flüssigkeit gelöst und mit den restlichen Zutaten vermischen.

Dosierung je kg Mehl

	BACKPULVER	TRIEBSALZ	POTTASCHE	NATRON
Süsse und gesalzene Butterteige	1–2%	1%	–	–
Butter- und Biscuitmassen	1–4%	–	–	–
Brot mit Backpulver	5%	–	–	–
Honigteige	–	0,5–1%	1%	3–4% Luzerner Lebkuchen
Teegebäcke (Spekulatius)	–	–	–	1%

Reaktion der chemischen Triebmittel

REAKTION	BACKPULVER	TRIEBSALZ	POTTASCHE	NATRON
Feuchtigkeit	Ja	Nein	Nein	Nein
Wärme	Ja	Ja	Nein	Ja
Säure	Ja	Ja	Ja	Ja

DAS IDEALE PRODUKT
Teige

Hefeteige	84
Tourierte Teige	112
Blätterteige	122
Honigteige	142
Süsse Butterteige	158
Geriebene Teige	172
Strudelteig	184

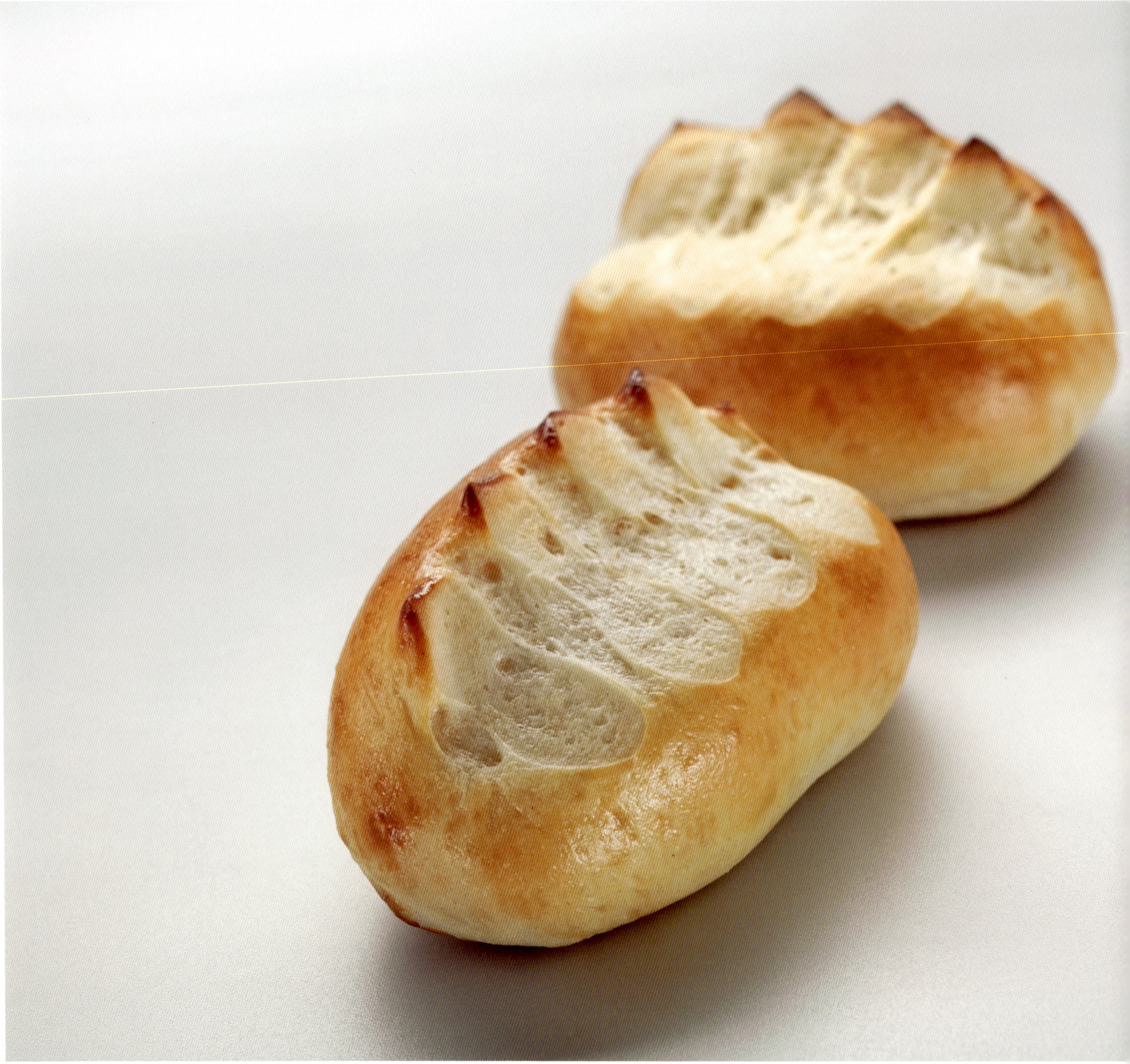

DAS IDEALE PRODUKT
Hefeteige

Butterweggli, abgedrückt	86
Butterweggli, geschnitten	92
Semmeli	96
Schlumbergerli	102
Brioche	106
Arbeitstechnik	108
Savarin	109

Butterweggli, abgedrückt

Rezeptbeispiel
BUTTERWEGGLITEIG (9200 G)

5000 g	Weizenmehl 550	
3100 g	Milch	
60 g	Flüssigmalz aktiv	→ *in der Milch auflösen*
80 g	Zucker	→ *in der Milch auflösen*
250 g	Backhefe	→ *alles miteinander mischen*
600 g	Butter	→ *nach 4–5 Minuten beigeben*
110 g	Speisesalz	→ *gegen Ende der Mischzeit beigeben und den Teig plastisch auskneten*
100 g	Eierstreiche	

Stockgare / Teigruhe: 45–60 Minuten

Produktebeschrieb
- Teig: Hefeteig
- Form: rund bis leicht oval
- Beschaffenheit: weiche Krumenstruktur

Geschmacksprofil
leicht butterig

Nährwerte je 100 g
Energiewert 1285 kJ / 307 kcal; Fett 8.3 g; gesät. Fettsäuren 4.6 g; Kohlenhydrate 48.0 g; Zucker 1.3 g; Eiweiss 8.7 g; Salz 1.5 g

Verzeichnis der Zutaten
Weizenmehl, **Vollmilch**, **Butter** 7 %, Backhefe, Speisesalz jodiert, **Eier** (CH), Zucker, **Gerstenmalzextrakt**

Hinweis
vegetarisch

HERSTELLUNG
1. Teig gemäss nebenstehendem Rezept zubereiten. Unmittelbar nach dem Kneten Brüche von 1800 g rund wirken. Mit Plastik zudecken und 45–60 Minuten gären lassen.
2. Die Brüche abpressen, rund wirken und die Teiglinge auf gefettete Bleche absetzen. Nach einer Stückgare von 20–30 Minuten die Teiglinge in der Mitte abdrücken.
3. Die Teiglinge 2-mal mit Ei bestreichen und gut gären lassen.

BACKEN
In warmen Ofen bei offenem Zug einschiessen. Nach 3 Minuten Zug schliessen und dämpfen. Bei geschlossenem Zug während 10–12 Minuten goldgelb ausbacken.

1. Teigzubereitung und Stockgare / Teigruhe
2. Abpressen 
3. Mit Ei bestreichen

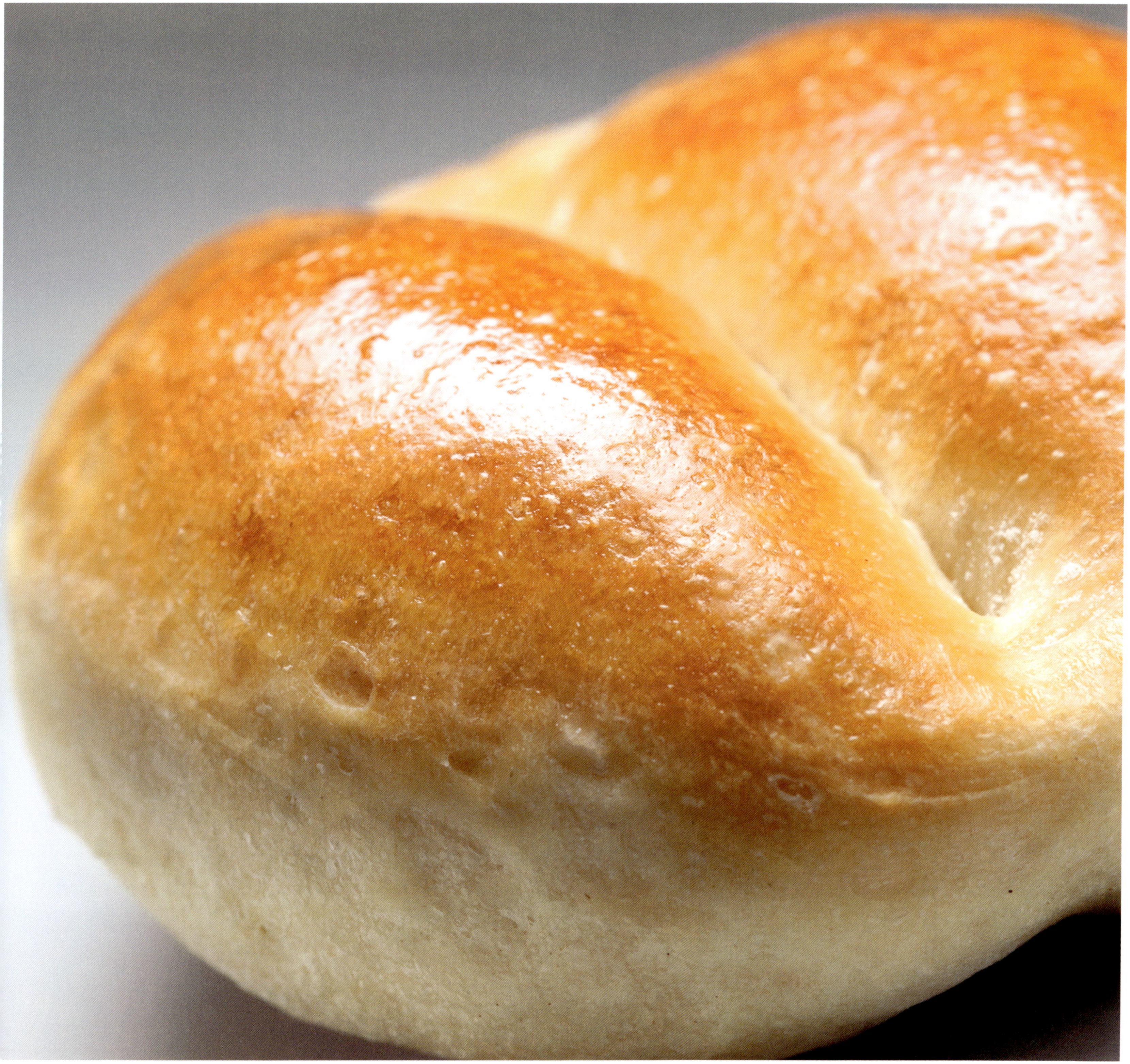

Einflüsse bei der Teigherstellung

TEIG ZU FEST

Gebäckvolumen: gedrungen
Die optimale Dehnbarkeit wird durch die zu feste Teigkonsistenz negativ beeinflusst, ein optimaler Ofentrieb ist nicht möglich.
Krustenstruktur: kurz, trocken
Mit dem geringen Wassergehalt findet eine intensivere Rückbildung der Stärke statt.

Krumenstruktur: trocken
Je nach Verkleisterungstemperatur wird die Krume bereits nach kurzer Zeit sehr trocken.
Geruch / Geschmack: fad
Die Enzymaktivität ist durch den geringen Feuchtigkeitsgehalt nicht optimal.

TEIG ZU WEICH

Gebäckform: flach
Die Glutenstruktur ist wegen der höheren Teigausbeute instabil. Der Teig geht durch das Abdrücken etwas in die Breite.
Kruste: Blasenbildung, Hohlraum
Die Glutenstruktur wird mit dem Butteranteil zusätzlich noch instabiler. Je nach Ofentrieb entwickelt sich der Hohlraum mehr oder weniger.

Porenbild: satt, unregelmässig
Verantwortlich für dieses Porenbild ist der dehnbare Gluten, welcher infolge der höheren Teigausbeute gebildet wird.
Geruch / Geschmack: ausgeprägt
Wasser und Wärme aktivieren die Enzyme.

Einflüsse durch die Stückgare

ZU KURZE STÜCKGARE

Gebäckvolumen: klein, gedrungen
Durch die Halbierung der Teigeinlage wird die Glutenaktivität der zu kurzen Stückgare nochmals beeinträchtigt.
Gebäckfarbe: matt
Auf Grund der reduzierten Bildung von Zucker- und Eiweissstoffen ist die Färbung zu Beginn des Backprozesses weniger intensiv.

ÜBERGARE

Gebäckform: flach
Die Glutenstruktur wird durch die zu lange Stückgare geschwächt. Durch die CO_2-Ausdehnung zu Beginn des Backprozesses zerreisst die zu intensiv abgebaute Glutenstruktur.

Porenbild: satt, kompakt
Ein optimales Porenbild wird mit einer zu kurzen Stückgare nicht erreicht.
Krumenstruktur: Mittelteil = talgig
Wegen der eher kompakten Teigstruktur findet eine verzögerte Wärmeübertragung statt.

Krumenstruktur: kurz
Aufgrund des intensiven Abbaus der Glutenstruktur verändert sich die Krume in eine kurze und spröde Struktur.

Einflüsse beim Verarbeiten

SOFORT ABGEDRÜCKT

Gebäckvolumen: etwas gedrungen
Mit der Reduktion der Teigeinlage ist die CO_2-Bildung weniger aktiv.
Ausbund: blind
Durch die eher zähe Teigstruktur ist die Haftung des abgedrückten Mittelteils sehr ausgeprägt. Während der Stückgare sowie dem Backprozess dehnt sich die Teigstruktur nur in die Höhe aus und nicht in die Breite.

Porenbild: sehr unregelmässig
Auf Grund der fehlenden Teigentspannung zerreisst die Glutenstruktur beim Abdrücken.
Krumenstruktur: kurz
Durch die zunehmende Säurebildung und die zähe Teigstruktur ist keine oder nur eine geringe Teigentspannung möglich.

OHNE EIERSTREICHE

Krustenfarbe: dunkel, matt
Zucker und Malz ergeben eine intensivere Färbung. Da nur eine geringe Teigentwicklung stattfindet, sind zu Beginn des Backprozesses zu wenig Zuckerstoffe vorhanden.
Krustenstruktur: leicht glasig, trocken
Durch das fehlende Lecithin in der Eierstreiche bildet sich sofort eine Kruste.

Geruch / Geschmack: fad
Ein Teil des Geschmacks bildet sich über die Krustenfärbung. Bei Gebäcken, welche vor dem Backprozess mit Ei bestrichen werden, ist die Maillard-Reaktion wegen dem Lecithin im Eigelb ausgewogener.

Einflüsse beim Backen

AUF SILIKONPAPIER GEBACKEN

Gebäckvolumen: gedrungen
Silikonpapier verzögert die direkte Wärmeübertragung: die Oberfläche stabilisiert sich und eine optimale Ausdehnung ist dadurch nicht mehr gewährleistet.
Gebäckboden: glasig, spröde
Das Silikonpapier entzieht bei Hefeteiglingen die Feuchtigkeit, welche sich zu Beginn des Backprozesses bildet.

AUF LOCHBLECH

Gebäckform: hochgezogen
Durch Abdrücken mit dem Weggliholz wird je nach Teigkonsistenz und Stückgare mehr oder weniger Teigmasse in die Löcher hineingepresst. Dadurch wird der Ofentrieb eingeschränkt und das Volumen gegenüber den Standardblechen ist etwas kleiner.
Gebäckboden: intensive Färbung
Die direkte Wärmeübertragung verursacht eine intensivere Bräunung.

Porenbild: sehr satt
Krumenstruktur: kurz
Infolge der verzögerten Wärmeübertragung entsteht eine schnellere Krustenbildung.

Porenbild: etwas satt
Das Porenbild ist durch den schwachen Ofentrieb wenig ausgeprägt.

Butterweggli, geschnitten

Rezeptbeispiel

BUTTERWEGGLITEIG (9200 G)

5000 g	Weizenmehl 550	
3100 g	Milch	
60 g	Flüssigmalz aktiv	→ *in der Milch auflösen*
80 g	Zucker	→ *in der Milch auflösen*
250 g	Backhefe	→ *alles miteinander mischen*
600 g	Butter	→ *nach 4–5 Minuten beigeben*
110 g	Speisesalz	→ *gegen Ende der Mischzeit beigeben und den Teig plastisch auskneten*
100 g	Eierstreiche	

Stockgare/Teigruhe: 45–60 Minuten

Produktebeschrieb
- Teig: Hefeteig
- Form: länglich mit Zacken
- Beschaffenheit: weiche Krumenstruktur

Geschmacksprofil
leicht butterig

Nährwerte je 100 g
Energiewert 1285 kJ/307 kcal; Fett 8.3 g; gesät. Fettsäuren 4.6 g; Kohlenhydrate 48.0 g; Zucker 1.3 g; Eiweiss 8.7 g; Salz 1.5 g

Verzeichnis der Zutaten
Weizenmehl, Vollmilch, Butter 7%, Backhefe, Speisesalz jodiert, **Eier** (CH), Zucker, **Gerstenmalzextrakt**

Hinweis
vegetarisch

HERSTELLUNG

1. Teig gemäss nebenstehendem Rezept zubereiten. Unmittelbar nach dem Kneten Brüche von 1800 g rund wirken. Mit Plastik zudecken und 45–60 Minuten gären lassen.
2. Die Brüche abpressen, rund wirken, die Teiglinge länglich wirken und mit Schluss nach unten auf gefettete Bleche absetzen. Nach ¾ der Stückgare die Teiglinge mit Ei bestreichen und bei 2–5 °C 10–20 Minuten abstehen lassen.
3. Die Teiglinge nochmals mit Ei bestreichen und mit der Schere der Länge nach 4- bis 5-mal ineinanderlaufend einschneiden.

BACKEN

In warmen Ofen bei offenem Zug einschiessen. Nach 3 Minuten Zug schliessen und dämpfen. Bei geschlossenem Zug während 10–12 Minuten goldgelb ausbacken.

1 Teigzubereitung und Stockgare/Teigruhe

2 Mit Ei bestreichen

3 Ineinanderlaufend einschneiden

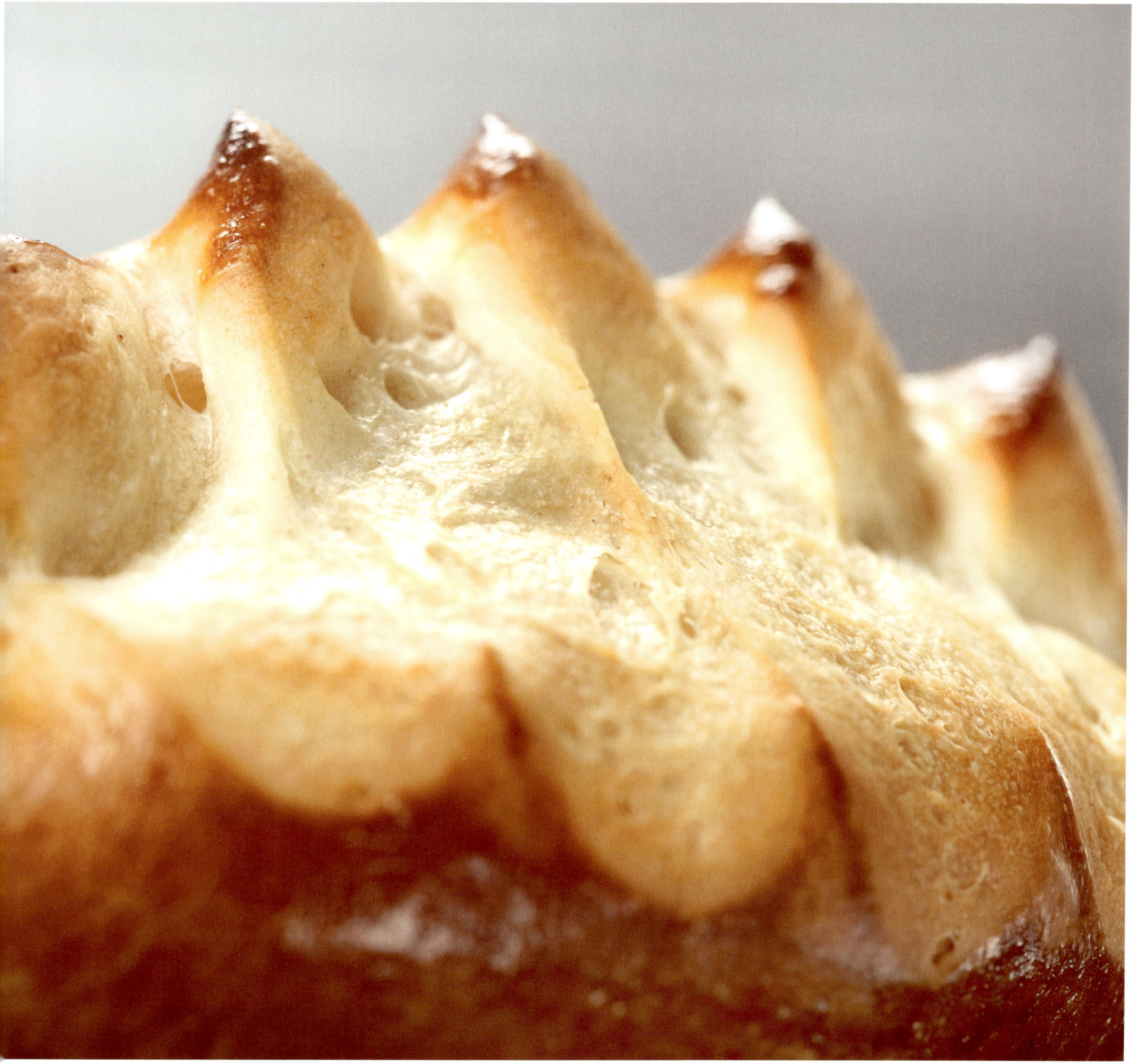

Einflüsse beim Einschneiden

ZU TIEF GESCHNITTEN

Gebäckform: etwas flach
Die während der Teigherstellung gebildete Glutenstruktur wird durch das zu tiefe Einschneiden beschädigt. Dadurch ist ein ausgeprägter Ofentrieb nicht mehr gewährleistet.

SCHWACH GESCHNITTEN

Gebäckvolumen: eher gedrungen
Auf der Oberfläche bildet sich innert Kürze eine Haut, welche einen optimalen Ofentrieb verhindert.

Porenbild: sehr unreglmässig
Bei der beschädigten Glutenstruktur kann das CO_2 nicht aktiv wirken.

Porenbild: sehr satt
Der Ofentrieb sowie die Ausdehnung des CO_2 ist wegen der unkorrekten Schnitttechnik eingeschränkt.

NACH DEM AUFARBEITEN SOFORT GESCHNITTEN

Gebäckvolumen: klein, gedrungen
Krustenfarbe: matt, bleich
Der Teig kann sich auf Grund des zu frühen Schneidens nicht optimal entwickeln.

Krumenstruktur: satt, kompakt

Semmeli

Rezeptbeispiel

SEMMELITEIG (9810 G)

5000 g	Weizenmehl 550	
3400 g	Wasser	
60 g	Flüssigmalz aktiv	→ *im Wasser auflösen*
30 g	Emulgatorbackmittel	
200 g	Backhefe	
1000 g	Fermentierter Teig	→ *alles miteinander mischen*
120 g	Speisesalz	→ *gegen Ende der Mischzeit beigeben und den Teig schonend auskneten*

Stockgare / Teigruhe: 35–40 Minuten

Produktebeschrieb
- Teig: Hefeteig
- Form: rund, oval
- Beschaffenheit: feinknusprig, elastische Krume

Geschmacksprofil
leichte Röstnote, malzig

Nährwerte je 100 g
Energiewert 992 kJ/237 kcal; Fett 0.8 g; gesät. Fettsäuren 0.2 g; Kohlenhydrate 48.0 g; Zucker 0.2 g; Eiweiss 7.8 g; Salz 1.6 g

Verzeichnis der Zutaten
Weizenmehl, Wasser, Backhefe, Speisesalz jodiert, **Gerstenmalzextrakt,** Emulgatorbackmittel (Zusammensetzung je nach eingesetztem Produkt)

Hinweis
vegetarisch, laktosefrei

HERSTELLUNG

1. Teig gemäss nebenstehendem Rezept zubereiten. Unmittelbar nach dem Kneten Brüche von 1600 g abwiegen, satt rund wirken und auf mit Teigtüchern belegte Bleche absetzen. Mit Plastik zugedeckt 35–40 Minuten bei Raumtemperatur gären lassen.
2. Die Brüche mit dem Rollholz etwas flach rollen, auf Wirkplatte legen, abpressen und rund wirken. Die Teiglinge auf Einschiessapparate absetzen und 35–40 Minuten gären lassen.
3. Die Teiglinge mit flach geführter Klinge einschneiden.

BACKEN
Im mittelwarmen Ofen mit Dampf backen.
Nach 10 Minuten Backzeit Zug ziehen und rösch ausbacken.
Backzeit: 18–20 Minuten.

1 Auf Wirkplatte legen

2 Auf Einschiessapparat absetzen

3 Einschneiden

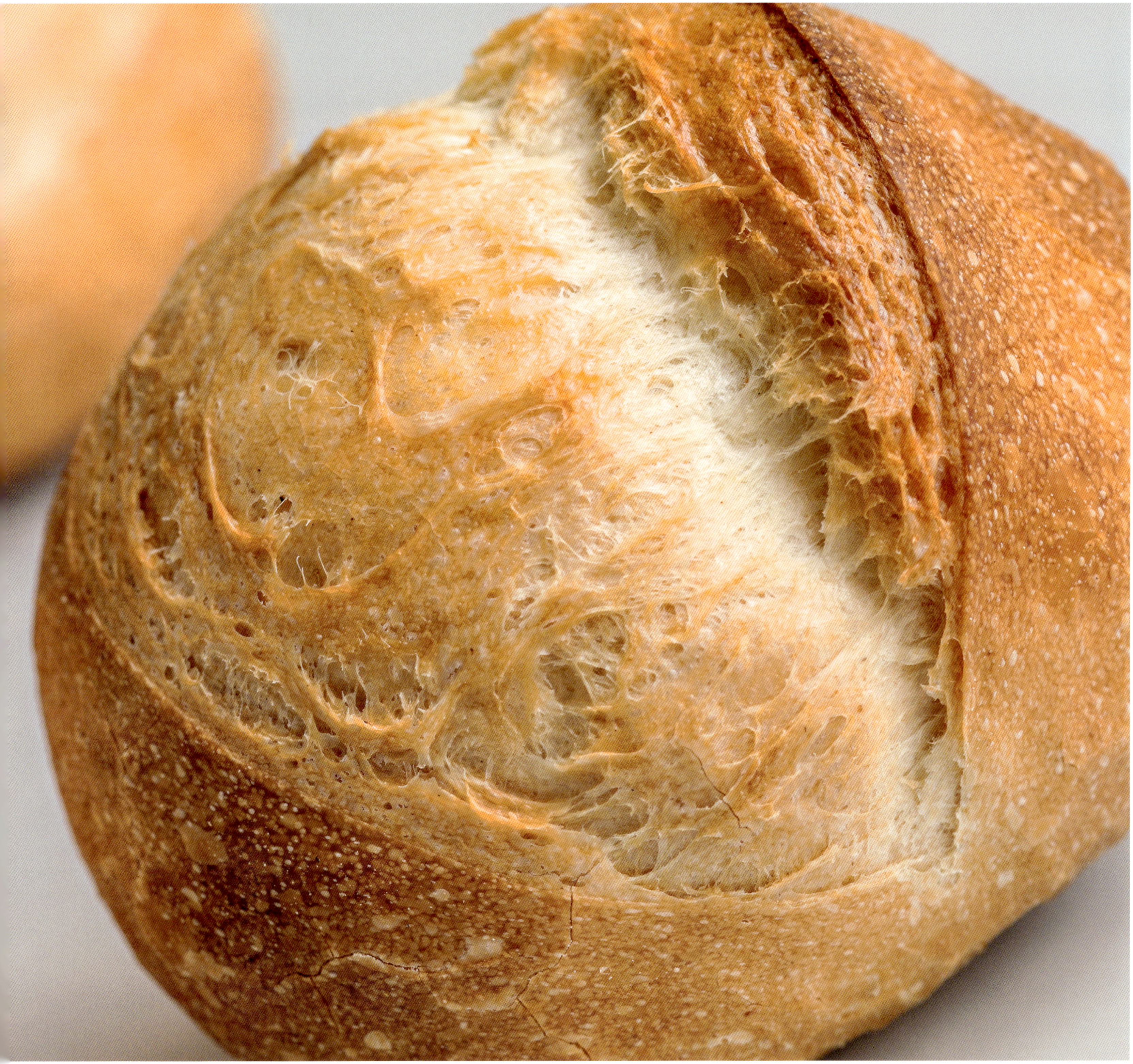

Einflüsse bei der Teigherstellung

TEIG ZU WEICH

Gebäckform: flach, eingefallen
Je höher die Teigausbeute, desto instabiler die Teigstruktur. Mit dem Einschneiden wird die Glutenstruktur instabil und fällt in sich zusammen.
Rissbildung: blind
Durch den höheren Wassergehalt kann die eingeschnittene Teigstruktur sich nicht trennen und verbindet sich wieder.

Porenbild: unregelmässig, grosse Luftblasen
Dieses Porenbild ist arttypisch für höhere Teigausbeuten und Einschneiden der Teiglinge.

TEIG ZU FEST

Gebäckvolumen: klein, gedrungen
Die Dehnbarkeit wird mit der zu geringen Teigausbeute eingeschränkt. Die Teigstruktur ist zäh und sehr kurz, der Ofentrieb sehr gering.
Rissbildung: breites Bord
Infolge der sehr festen Teigkonsistenz reisst die eingeschnittene Teigfläche zu stark auf.

Porenbild: satt, kompakt
Die typische Porung bildet sich zu Beginn des Backprozesses nicht mit der CO_2-Ausdehnung.
Geruch/Geschmack: fad
Die typischen Aromaträger können wegen der geringen Enzymaktivität zu wenig gebildet werden.

Das ideale Produkt **Konditorei** Hefeteige 99

Einflüsse durch die Stockgare/Stückgare

MIT TEIGTUCH ZUGEDECKT

Gebäckfarbe: matt
Mit dem Zudecken der Teiglinge wird ein Teil der Feuchtigkeit entzogen. Die ausgetrocknete Teigschicht kann keinen Glanz mehr bilden.
Gebäckvolumen: gedrungen
Die Ausdehnung der Teigstruktur zu Beginn des Backprozesses ist durch die Hautbildung auf der Teigoberfläche nicht mehr gewährleistet.

Ausbund: wild
Mit der Hautbildung auf der Teigoberfläche verzögert sich die Ausdehnung der Glutenstruktur. Eine gleichmässige Schnittstruktur ist nicht mehr gewährleistet.

OHNE STOCKGARE

Gebäckvolumen: gedrungen
Die fehlende Stockgare/Teigruhe verursacht, dass die für den Backprozess notwendige CO_2-Bildung stark verringert wird.
Krustenfarbe: matt, gräulich
Die notwendigen Zucker- und Eiweissstoffe, welche für die Färbung notwendig sind, konnten nicht optimal gebildet werden.

Rissbildung: blind
Die zu geringfügige CO_2-Bildung bewirkt, dass ein optimaler Ofentrieb nicht gewährleistet ist.
Krumenstruktur: trocken
Der Stärkeabbau ist zu gering und die höhere Verkleisterungstemperatur sorgt dafür, dass mehr Wasser gebunden wird.

Einflüsse bei der Backvorbereitung

ZU TIEF GESCHNITTEN

Gebäckvolumen: gedrungen
Gebäckform: flach
Das während des Knetprozesses gebildete Klebergerüst wird mit dem zu tiefen Einschneiden beschädigt. Es findet ein ungenügender Ofentrieb statt.

TEIGLING WÄHREND DER STÜCKGARE VERHAUTET

Gebäckvolumen: klein, gedrungen
Zu niedrige Luftfeuchtigkeit führt auf der Teigoberfläche zu intensiver Hautbildung. Dadurch ist die Wirkung durch Dampf/Schwaden zu Beginn des Backprozesses eingeschränkt.
Krustenfarbe: matt
Die Auflösung der gebildeten Zucker- und Eiweissstoffe verzögert sich infolge der Hautbildung der Teiglinge während der Stückgare.

Ausbund: blind
Die zu tiefen Schnitte bewirken, dass die Hautbildung zu Beginn des Backprozesses zu intensiv ist und dadurch die Ausdehnung eingeschränkt wird.

Krumenstruktur: kompakt
Die Dehnbarkeit der Glutenstruktur ist infolge des geringeren Ofentriebes nicht so ausgeprägt.

Einflüsse beim Backen

BACKEN OHNE DAMPF / SCHWADEN

Gebäckfarbe: matt
Die unzureichende Feuchtigkeit bewirkt, dass Zucker- und Eiweissstoffe, welche für die Färbung verantwortlich sind, nicht aktiviert werden.
Gebäckvolumen: gedrungen
Da sich zu Beginn des Backprozesses an der Oberfläche sofort eine Haut bildet, ist kein ausgedehnter Ofentrieb mehr möglich.

Porenbild: satt, unregelmässig
Die CO_2-Ausdehnung ist infolge der Hautbildung auf der Teigoberfläche nicht mehr genügend.

Schlumbergerli

Rezeptbeispiel

POOLISH (1620 G)

800 g	Weizenmehl 550	
800 g	Wasser (ca. 25 °C)	
20 g	Backhefe	→ *im Wasser auflösen und alles knollenfrei mischen, anschliessend in ein hohes Gefäss abfüllen*

Stockgare/Teigruhe: 60 Minuten bei Raumtemperatur angären lassen, anschliessend 12–15 Stunden bei 2–5 °C lagern.

SCHLUMBERGERLITEIG (8430 G)

4200 g	Weizenmehl 550	
2340 g	Wasser	
40 g	Flüssigmalz aktiv	→ *im Wasser auflösen*
150 g	Backhefe	
1600 g	Poolish	→ *alles miteinander mischen*
100 g	Speisesalz	→ *gegen Ende der Mischzeit beigeben und den Teig schonend auskneten*

Stockgare/Teigruhe: 30–45 Minuten

Produktebeschrieb
- Teig: Hefeteig
- Form: rund mit Rosette
- Beschaffenheit: zartknusprig, unregelmässige Porung

Geschmacksprofil
malzig, leichte Röstnote

Nährwerte je 100 g
Energiewert 1018 kJ/243 kcal; Fett 0.7 g; gesät. Fettsäuren 0.2 g; Kohlenhydrate 50.0 g; Zucker 0.3 g; Eiweiss 7.9 g; Salz 1.5 g

Verzeichnis der Zutaten
Weizenmehl, Wasser, Backhefe, Speisesalz jodiert, **Gerstenmalzextrakt**

Hinweis
vegetarisch, laktosefrei

HERSTELLUNG

1. Teig gemäss nebenstehendem Rezept zubereiten. Unmittelbar nach dem Kneten Brüche von 1500 g rund wirken und mit Plastik zugedeckt gären lassen. Die Wirkplatten leicht mit Öl bepinseln.
2. Die Brüche mit dem Rollholz etwas flach rollen, abpressen und schonend rund wirken.
3. Mit Schluss nach unten auf mit Weizenmehl 720 gestaubte Bretter absetzen, mit Plastik zudecken und gut gären lassen.
Die Teiglinge mit Schluss nach oben auf Einschiessapparate absetzen.

BACKEN
In mittelwarmen Ofen mit Dampf einschiessen. Nach 10 Minuten Backzeit Zug ziehen und während 18–20 Minuten knusprig ausbacken.

1 Wirkplatten mit wenig Öl bepinseln

2 Brüche auflegen, abpressen und rundwirken

3 Backvorbereitung

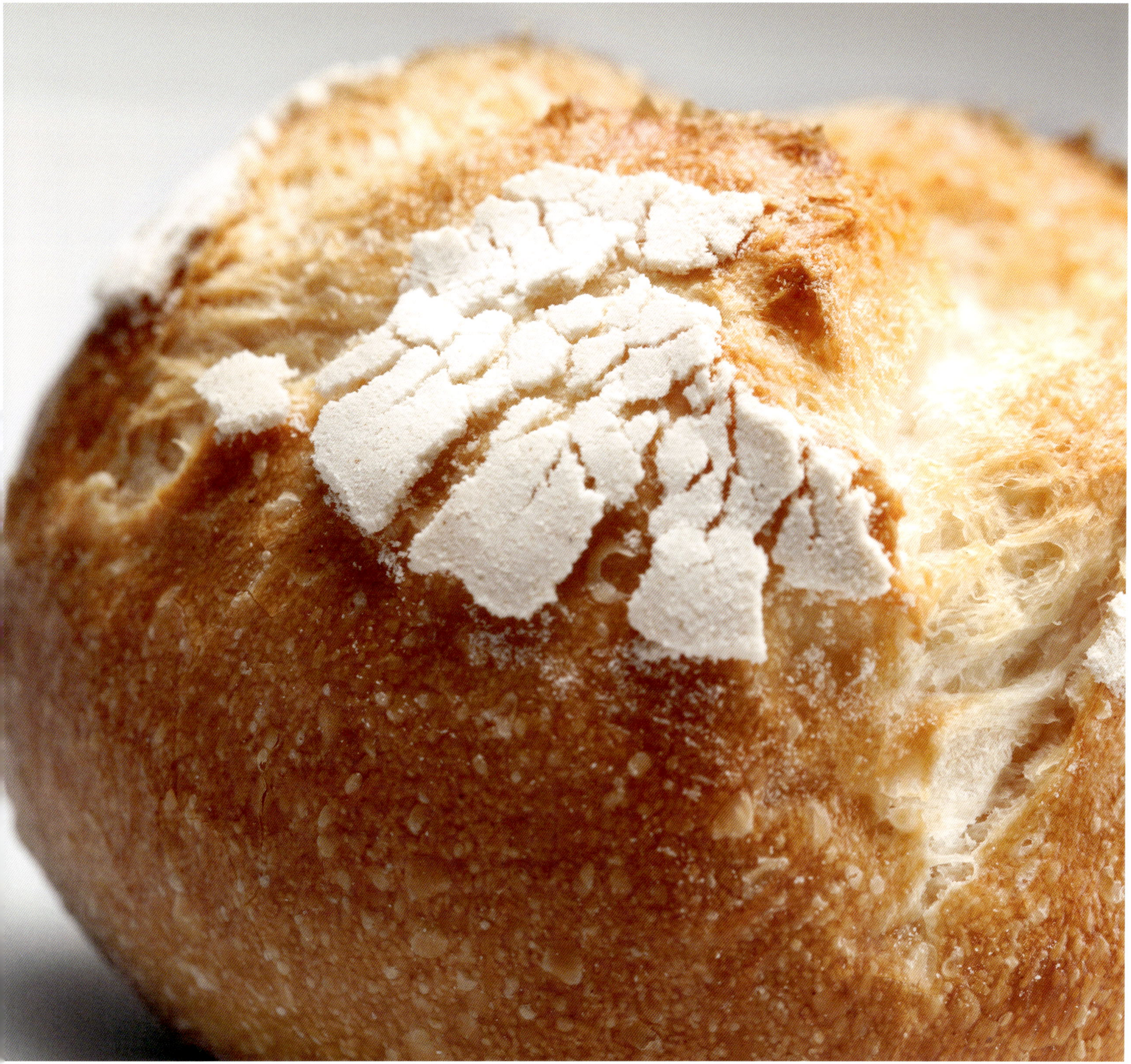

Einflüsse beim Aufarbeiten

ZU VIEL ÖL EINGEWIRKT

Gebäckform: flach, unregelmässig
Öl besitzt die Eigenschaft, Elemente zu trennen. Das zu viel eingewirkte Öl beim Verschluss gewährleistet zu Beginn des Backprozesses keine Stabilität.
Gebäckfarbe: matt, bleich
Das Öl verringert zu Beginn des Backprozesses die Feuchtigkeitsaufnahme. Dadurch verzögert sich die Reaktion der Zucker- und Eiweissstoffe.

KEIN ÖL EINGEWIRKT

Gebäckform: Rosette wenig ausgeprägt
Weil die Wärmeübertragung zu Beginn des Backprozesses auf der gesamten Teigfläche stattfindet, bildet sich schneller eine Haut. Das Volumen wird dadurch ebenfalls beeinträchtigt.

Porenbild: unregelmässig
Die Gluten-Struktur erhält mit dem Öl eine grössere Gleitfähigkeit. Dadurch ist der Gegendruck zu Beginn des Backprozesses nicht mehr gewährleistet.

Porenbild: unregelmässig
Das Porenbild kann sich je nach Ofentrieb sehr unterschiedlich entwickeln. Je intensiver der Anfangstrieb desto unregelmässiger das Porenbild.

Das ideale Produkt **Konditorei** — Hefeteige — 105

Einflüsse durch die Stückgare

ZU KURZE STÜCKGARE

Gebäckvolumen: gedrungen
Bei der Bearbeitung der Teiglinge stabilisiert sich die Gluten-Struktur. Infolge des satten Pressens und Rundwirken der Teiglinge wird ein Teil des CO_2 abgebaut und ein optimaler Ofentrieb ist nicht mehr gewährleistet.

Krumenstruktur: kurz
Die gewünschte Glutenstruktur kann sich zu Beginn des Backprozesses infolge der geringen CO_2-Bildung nicht optimal entwickeln.
Porenbild: satt
Mit dem reduzierten Ofentrieb verändert sich das Porenbild nur geringfügig.

ZU LANGE STÜCKGARE

Gebäckform: Verschluss blind
Der Abbau der Glutenstruktur wird durch die zu lange Stückgare stark geschwächt. Durch die CO_2-Ausdehnung zu Beginn des Backprozesses ist die Stabilität nicht mehr gewährleistet.
Gebäckfarbe: intensiv, braun
Während der zu langen Gärphase werden zuviele Zucker- und Eiweissstoffe abgebaut, welche zu Beginn des Backprozesses nötig sind.

Krumenstruktur: kurz
Die Glutenstruktur wird bei der zu langen Stückgare abgebaut, welche sich dann in einer kurzen Krumenstruktur zeigt.
Porenbild: grob, unregelmässig

Brioche

Rezeptbeispiel
BRIOCHETEIG (10950 G)

5000 g	Weizenmehl 400	
500 g	Milch	
75 g	Flüssigmalz aktiv	→ *in der Milch auflösen*
500 g	Zucker	→*in der Milch auflösen*
250 g	Backhefe	
2000 g	Eier	→*alles miteinander mischen*
2500 g	Butter	→ *nach 4–5 Minuten in 2 Intervallen beigeben*
125 g	Speisesalz	→ *gegen Ende der Mischzeit beigeben und den Teig plastisch auskneten, bis sich der Teig vom Kesselrand löst*

Stockgare/Teigruhe: 60 Minuten bei Raumtemperatur, anschliessend 15–18 Stunden bei 2–5 °C lagern.

Produktebeschrieb
- Teig: Hefeteig
- Form: rund mit kugelförmigem Kopf
- Beschaffenheit: zart, elastische Krume, feinporig

Geschmacksprofil
butterig

Nährwerte je 100 g
Energiewert 1874 kJ/447 kcal; Fett 25.0 g; gesät. Fettsäuren 14.0 g; Kohlenhydrate 44.0 g; Zucker 6.2 g; Eiweiss 10.0 g; Salz 1.4 g

Verzeichnis der Zutaten
Weizenmehl, Eier (CH) 27 %, **Butter** 26 %, Zucker, **Vollmilch,** Backhefe, Speisesalz jodiert, **Gerstenmalzextrakt**

Hinweis
vegetarisch

HERSTELLUNG

1. Teig gemäss nebenstehendem Rezept zubereiten und kühl lagern. Der Briocheteig muss direkt vom Kühlraum kommend weiterverarbeitet werden. Brüche von 1000 g abpressen und rund wirken. Das Köpfchen, der obere Teil des Teiglings, mit dem Handrücken so weit vom Rumpf trennen, dass beide Teile nur noch ein dünner Teigstrang verbindet. Das Köpfchen sollte ⅓ des ganzen Teigstückes ausmachen.
2. Den unteren, grösseren Teil in gefettete Briocheformen legen, mit dem Daumen in der Mitte des grösseren Teiles eine Vertiefung bis zum Boden eindrücken und das Köpfchen in die Vertiefung legen. Teiglinge mit Plastik zudecken und bei Raumtemperatur gären lassen. Nach guter Stückgare die Teiglinge 20–30 Minuten bei 2–5 °C abstehen lassen.
3. Die Teiglinge 2-mal sorgfältig mit Ei bestreichen.

BACKEN
In milden Ofen bei offenem Zug während 8–10 Minuten goldgelb ausbacken.

1 Teiglinge aufarbeiten

2 In gefettete Formen legen

3 Mit Ei bestreichen

Das ideale Produkt **Konditorei** Hefeteige 107

Einflüsse durch die Stückgare

ZU KURZE STÜCKGARE

Gebäckvolumen: klein, gedrungen
Die Teigentwicklung nach der Formgebung ist bei reichhaltigen Teigen sehr wichtig. Die Aktivität der Backhefe wird mit Butter, Zucker und Eiern negativ beeinträchtigt.
Gebäckform: gedrungen, Köpfchen seitlich
Je nach Herstellungsart und zu kurzer Stückgare ist keine optimale Haftung zwischen Unterteil und Köpfchen gewährleistet.

ZU LANGE STÜCKGARE

Gupfbildung: wenig ausgeprägt
Je länger die Stückgare dauert desto mehr wird die Glutenstruktur durch die Enzymaktivität geschwächt. Ein optimaler Ofentrieb ist dadurch eingeschränkt.
Krustenfarbe: intensiver
Durch die Reichhaltigkeit der Zutaten sowie den enzymatischen Abbau der Stärke ist die Färbung, welche sich während dem Backprozess bildet, etwas intensiver.

Porenbild: satt
Das für das Volumen verantwortliche Kohlendioxid kann sich während der zu kurzen Stückgare zu wenig entwickeln. Der Ofentrieb wird dadurch beeinträchtigt.
Krumenstruktur: talgig
Die kompakte Krume lässt die Struktur talgig wirken.

Porenbild: unregelmässig
Die Glutenstruktur wird mit der längeren Stückgare schwächer.
Mit der Ausdehnung von CO_2 zerreissen die Kleberstränge, welche dann ein unregelmässiges Porenbild bildet.
Krumenstruktur: trocken
Je voluminöser das Gebäck ist, desto schneller trocknet das Gebäck aus.

Arbeitstechnik

TEIGHERSTELLUNG

Beim Kneten des Teiges können zwei verschiedene Methoden eingesetzt werden:

	TEIG GEMISCHT	TEIG AUSGEKNETET
Rohstoffe	Alle Rohstoffe, ausser Weizenmehl, Butter und das pulverisierte Backmittel, im Wasser auflösen. Dadurch ist eine gleichmässige Verteilung und optimale Teigentwicklung der Rohstoffe gewährleistet.	Vollmilchpulver, Flüssigmalz und Zucker im Wasser auflösen und mit den übrigen Zutaten zu einem plastischen Teig kneten.
Herstellung	Quellknetung: 2–5 Minuten Teigtemperatur: 18–20 °C Die Rohstoffe zu einer losen Teigstruktur mischen.	Quellknetung: 10–12 Minuten Intensivknetung: 2–3 Minuten Teigtemperatur: 18–20 °C Je länger die Rohstoffe bearbeitet werden, umso mehr bindet der Gluten Wasser, zugleich findet eine Erweichung der Teigstruktur statt.

WICHTIGE HINWEISE

- Den Teig nur mischen oder den Teig zu einem dehnbaren Teig herstellen.
- Wenn die Variante «nur gemischt» zur Anwendung gelangt, muss die Mehlmenge gegenüber dem gekneteten Teig um 10 % reduziert werden. Dies, weil während der kurzen Mischphase keine dehnbare Glutenstruktur gebildet wird und somit auch keine Teigerweichung stattfindet.
- Die Knetzeit für die Teige richtet sich nach der vorhandenen Mehlqualität und der angewandten Herstellungsmethode.

WEITERE INFORMATIONEN
Allgemeine und detaillierte Informationen zu Hefeteig finden Sie im Grundlagenbuch Seite 323–329.

Das ideale Produkt **Konditorei** Hefeteige 109

Savarin

Rezeptbeispiel

VORTEIG (695 G)

360 g	Weizenmehl 400	
280 g	Milch	
55 g	Backhefe	→ *in der Milch auflösen und alles miteinander gut auskneten*

Stockgare / Teigruhe: 90–120 Minuten

SAVARINTEIG (2845 G)

640 g	Weizenmehl 400	
90 g	Milch	
55 g	Backhefe	→ *in der Milch auflösen*
75 g	Zucker	→ *in der Milch auflösen*
695 g	Vorteig	→ *alles miteinander mischen*
330 g	Butter, aufgelöst (nicht zu warm)	→ *nach 4–5 Minuten beigeben und den Teig plastisch auskneten. Anschliessend den Teig 30 Minuten entwickeln lassen*
580 g	Eier	
360 g	Eigelb	
20 g	Speisesalz	→ *mit den Eiern mischen, in mehreren Intervallen den Teig beigeben und knollenfrei zu einer Masse mischen*

Produktebeschrieb
- Teig: Hefeteig
- Form: rund
- Beschaffenheit: kurz

Geschmacksprofil
butterig

Nährwerte je 100 g
Energiewert 1450 kJ / 346 kcal; Fett 19.0 g; gesät. Fettsäuren 8.8 g; Kohlenhydrate 32.0 g; Zucker 3.5 g; Eiweiss 11.0 g; Salz 0.9 g

Verzeichnis der Zutaten
Weizenmehl, Eier (CH), **Vollmilch, Eigelb** (CH), **Butter,** Backhefe, Zucker, Speisesalz jodiert

Hinweis
vegetarisch

HERSTELLUNG

1. Teig gemäss nebenstehendem Rezept im Rührkessel mit 5-Kantbesen zubereiten.
2. Den Savarinteig in einen Dressiersack mit Lochtülle von 6–8 mm Durchmesser einfüllen.
3. Jeweils 25–30 g Teig gleichmässig in runde Savarin-Förmchen von 8 cm Durchmesser und 2 cm Höhe eindressieren, mit Plastik zudecken und 20–30 Minuten bei Raumtemperatur gären lassen.

BACKEN

In milden Ofen mit Dampf während 20–25 Minuten bei 195–205 °C ausbacken.

1 Teigzubereitung
2 In Dressiersack einfüllen
3 Dressieren

Einflüsse bei der Herstellung des Teiges

MASSE SCHONEND HERGESTELLT

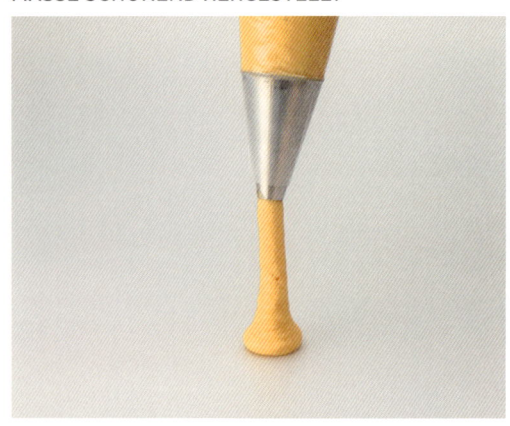

Herstellung der Masse gemäss Rezeptbeispiel auf nebenstehender Seite. Die Zutaten nur so lange verarbeiten, bis diese knollenfrei sind, dann die Masse sofort in Förmchen eindressieren.

Gebäckform: gleichmässig
Mit der guten Fliesseigenschaft der Masse ist eine optimale Form gewährleistet.
Gebäckfarbe: bräunlich
Da sich die Masse im Förmchen gleichmässig verteilt, ist die Wärmeleitung optimal und es findet ein enzymatischer Abbau statt, welcher für die Färbung verantwortlich ist.

Porenbild: arttypisch
Die Gleichmässigkeit ist auf eine schonende Teigherstellung zurückzuführen.
Struktur: elastisch
Die elastische Glutenstruktur entwickelt sich infolge des hohen Butter- und Eieranteils.

MASSE INTENSIV BEARBEITET

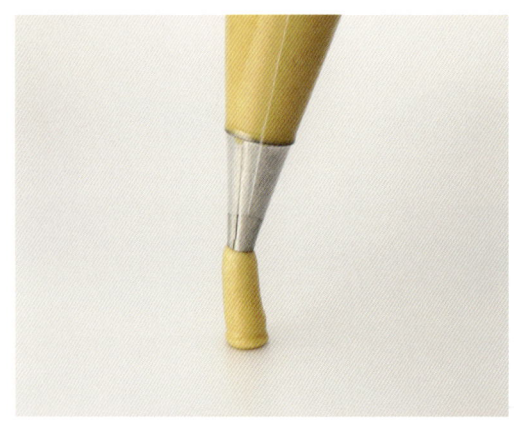

Durch die zu intensive Bearbeitung der Masse wird der Kleber angeregt. Dadurch wird die Masse zäh und eine gleichmässige Dressierfähigkeit ist nicht mehr gewährleistet.

Gebäckform: unregelmässig
Eine gleichmässige Verteilung in die Förmchen ist bei dieser zähen Masse nicht mehr gewährleistet.
Gebäckfarbe: bleich, unregelmässig
Da sich die Masse nicht optimal an den Aussenrand verteilt, ist eine gleichmässige Färbung nicht möglich.

Porenbild: fein bis grobporig
Das unregelmässige Porenbild kann je nach der Kleberqualität sehr unterschiedlich sein.
Struktur: kurz, trocken
Durch die zu intensive Bearbeitung des Teiges wird die Glutenstruktur zu stark bearbeitet und baut sich während der Teigentwicklungszeit weiter ab.

Das ideale Produkt **Konditorei** Hefeteige

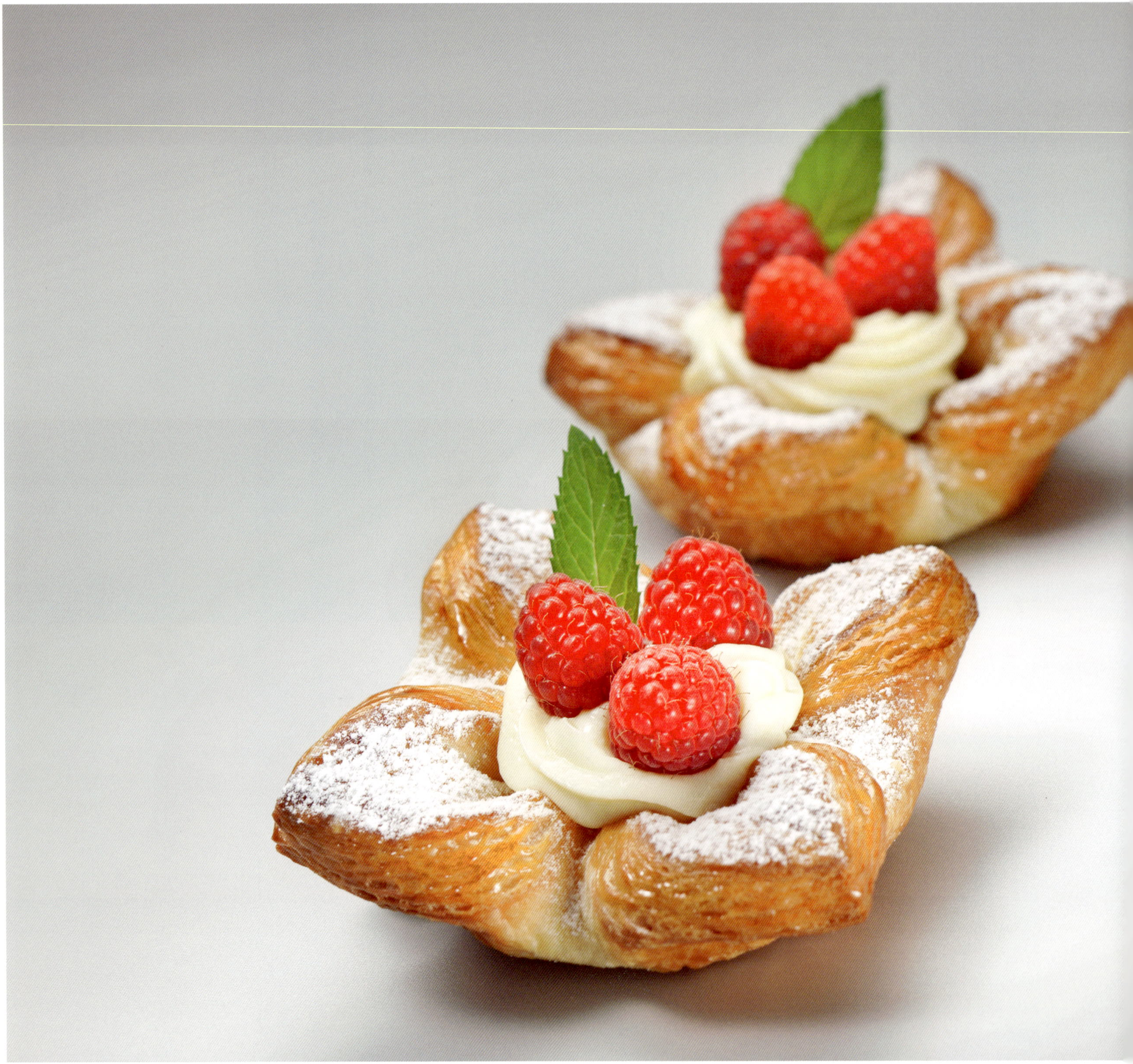

DAS IDEALE PRODUKT
Tourierte Teige

Plunderteig	114
Hefekranz	118
Arbeitstechnik	121

Plunderteig

Rezeptbeispiel
PLUNDERTEIG (5110 G)

2200 g	Weizenmehl 400
900 g	Wasser
100 g	Vollmilchpulver → *im Wasser auflösen*
200 g	Backhefe → *im Wasser auflösen*
20 g	Flüssigmalz aktiv → *im Wasser auflösen*
200 g	Zucker → *im Wasser auflösen*
300 g	Eier
40 g	Speisesalz → *im Wasser auflösen*
40 g	Enzympräparat (Backmittel)
10 g	Kardamom, gemahlen
100 g	Butter geschmeidig → *alle Rohstoffe je nach Teiggrösse 2–6 Minuten miteinander mischen*
1000 g	Butterplatte → *zum Eintourieren*

Produktebeschrieb
- Teig: Plunderteig gemischt
- Form: individuell
- Oberfläche: glasiert oder gestaubt
- Beschaffenheit: zart, blätterig

Geschmacksprofil
süss, butterig, leichte Gewürznote

Nährwerte je 100 g
Energiewert 1476 kJ/353 kcal; Fett 19.0 g; gesät. Fettsäuren 11.0 g; Kohlenhydrate 37.0 g; Zucker 4.5 g; Eiweiss 7.0 g; Salz 0.8 g

Verzeichnis der Zutaten
Weizenmehl, **Butter**, Wasser, **Eier** (CH), Zucker, Backhefe, **Vollmilchpulver**, Speisesalz jodiert, Backmittel, **Gerstenmalzextrakt**, Kardamomen

Hinweis
vegetarisch

HERSTELLUNG

1. Grundteig von 4110 g rechteckig auf 40 × 30 cm ausrollen, auf mit Plastik belegte Bleche legen, zudecken und 5–6 Stunden bei 2–5 °C lagern. Die Butterplatte, je nach Herstellerinformation, vor dem Tourieren aus dem Kühlraum nehmen. Darauf achten, dass Teig und Butter die gleiche Konsistenz aufweisen. Anschliessend den Grundteig auf 50 × 40 cm ausrollen, die Butterplatte direkt auflegen und mit der Handkante die eine Teighälfte eindrücken.
2. Die Randpartie über die Butterplatte legen.
3. Die andere Teighälfte überlegen. Sofort 1 doppelte Tour geben und 10 Minuten entspannen lassen. Anschliessend in kurzen Abständen 2 einfache Touren geben. Ideale Tourierdicke 9–10 mm. Danach den Plunderteig in Plastik einpacken und tiefkühlen (–18 °C). Den Plunderteig vor der Weiterverarbeitung während 18–20 Stunden bei 2–5 °C auftauen lassen.

1 Teighälfte eindrücken

2 Randpartie über die Butterplatte legen

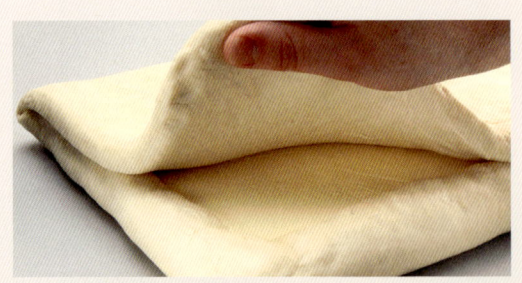

3 Teighälfte überlegen

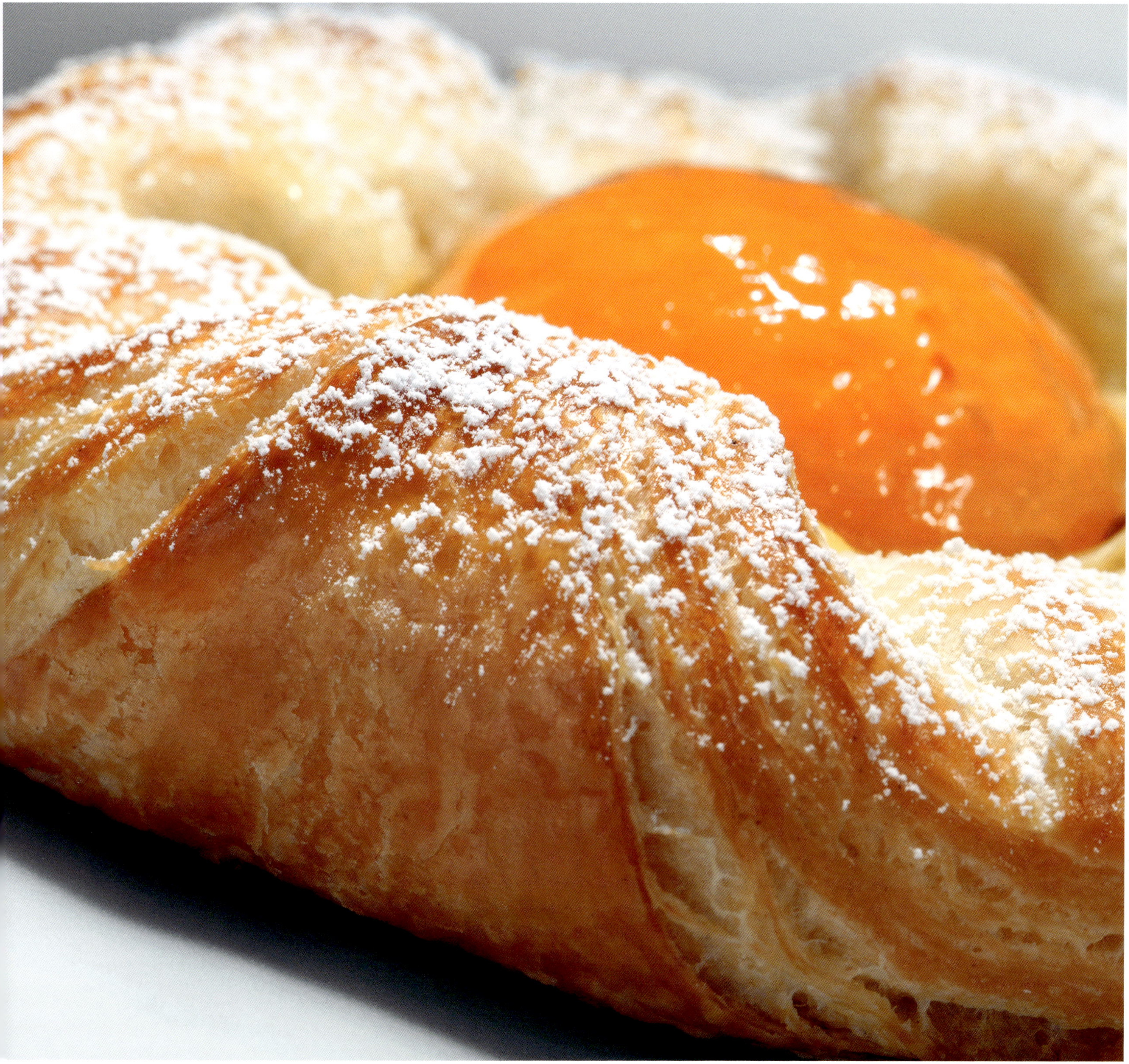

Blätterigkeit in Abhängigkeit der Tourenzahlen

QUERSCHNITT, TOURIERTER HEFESÜSSTEIG NACH DER 1. TOUR

3 Butterschichten
4 Teigschichten

QUERSCHNITT, TOURIERTER HEFESÜSSTEIG NACH DER 2. TOUR

9 Butterschichten
10 Teigschichten

Schichten: satt, kompakt
Durch das Auslaufen der Butter sind keine Schichten sichtbar.

Schichten: satt, grob
Eine Reaktion der Teig-Butterschichten zu Beginn des Backprozesses ist erkennbar.

Das ideale Produkt **Konditorei**　　　　　　　　　　　　　　　　　　　　　　　　　　　Tourierte Teige

QUERSCHNITT, TOURIERTER HEFESÜSSTEIG NACH DER 3. TOUR

QUERSCHNITT, TOURIERTER HEFESÜSSTEIG NACH DER 4. TOUR

27 Butterschichten
28 Teigschichten

81 Butterschichten
82 Teigschichten

Schichten: arttypisch

Schichten: fein, gleichmässig

Hefekranz

Rezeptbeispiel

TOURIERTER HEFESÜSSTEIG (7430 G)

3400 g	Weizenmehl 400	
1600 g	Wasser	
150 g	Vollmilchpulver → *im Wasser auflösen*	
150 g	Backhefe → *im Wasser auflösen*	
20 g	Flüssigmalz aktiv → *im Wasser auflösen*	
300 g	Zucker → *im Wasser auflösen*	
200 g	Eier	
70 g	Speisesalz → *im Wasser auflösen*	
70 g	Enzympräparat (Backmittel)	
50 g	Vanillezucker	
10 g	Zitronenpaste	
10 g	Kardamom, gemahlen	
400 g	Butter geschmeidig → *alle Rohstoffe je nach Teiggrösse 2–6 Minuten miteinander mischen*	
1000 g	Butterplatte → *zum Eintourieren*	

ZUTATEN (6100 G)

5400 g	Haselnussfüllung	
400 g	Aprikotur	
300 g	Wasserglasur	

Produktebeschrieb
- Teig: Tourierter Hefesüssteig
- Form: rund
- Beschaffenheit: zart, blätterig, weiche Krume

Geschmacksprofil
süss, butterig, leichte Gewürznote

Nährwerte je 100 g
Energiewert 1643 kJ/392 kcal; Fett 19.0 g; gesät. Fettsäuren 13.0 g; Kohlenhydrate 46.0 g; Zucker 20.0 g; Eiweiss 8.4 g; Salz 0.71 g

Verzeichnis der Zutaten
Weizenmehl, Haselnüsse 21%, Zucker, Wasser, **Eier** (CH), **Butter,** Backhefe, **Vollmilchpulver, Eigelb** (CH), Aprikosengelee (Säuerungsmittel E330, Geliermittel E440, E406, Säureregulator E331, Aroma, Konservierungsmittel E202), Staubzucker, **Mandeln** 1%, Speisesalz jodiert, **Weizenstärke, Gerstenmalzextrakt,** Zimt (Spuren von **Sulfit**), Zitrone <1%, Vanilleschoten, Zitronenschale, Backmittel

Hinweis
vegetarisch

HERSTELLUNG

1. Hefesüssteig auf 2.2–2.7 mm ausrollen, auf mit Plastik belegte Bleche legen und 45–60 Minuten tiefkühlen. Streifen von 40×7,5 cm schneiden und die eine Längsseite mit Ei bestreichen. Je 100 g Füllung aufdressieren und den Teigstreifen nicht zu satt einrollen. Die drei Stränge beidseitig bis ans Ende gleichmässig locker flechten.
2. Je zwei Enden miteinander exakt verbinden und die Stränge ineinanderlegen, so dass der Verschluss nicht mehr sichtbar ist. Den Kranz mit Schluss nach unten auf mit Silikonpapier belegte Bleche absetzen.
3. Kranz in einen gefetteten, mit Silikonpapier ausgelegten Tortenring einsetzen, mit Plastik zugedeckt bei Raumtemperatur gären lassen.

BACKEN
Die Oberfläche mit Ei bestreichen. In milden Ofen bei offenem Zug einschiessen. Nach 2–3 Minuten Zug schliessen, dämpfen und nach der Hälfte der Backzeit bei offenem Zug ausbacken.
Backzeit: 30–35 Minuten.

1 Locker flechten

2 Enden verbinden

3 Aussen- und Innenring umstellen

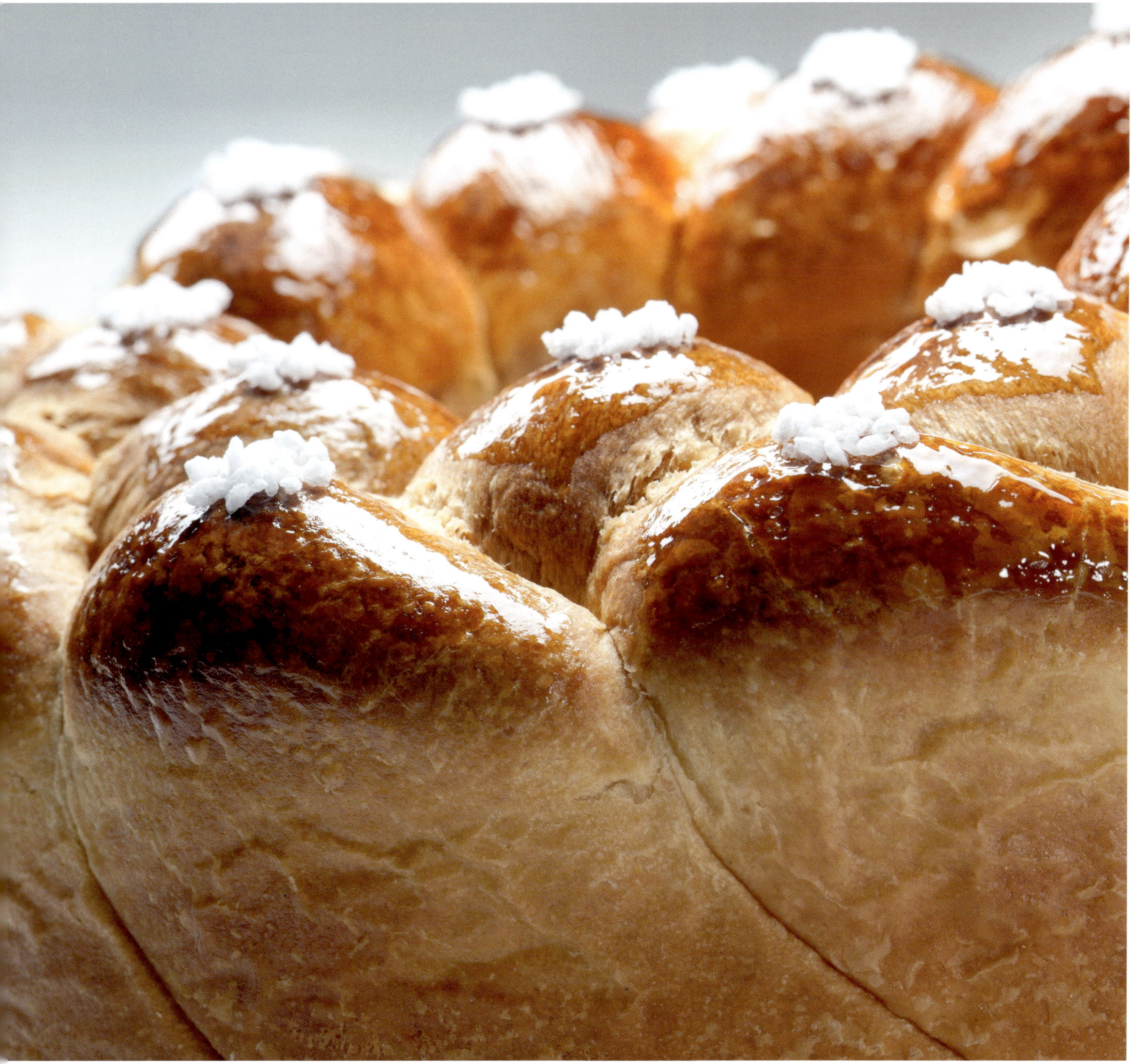

Einflüsse durch die Stückgare

STÜCKGARE ZU KURZ

Gebäckfarbe: eher matt
Während der zu kurzen Stückgare bilden sich zuwenig Zuckerstoffe.
Gebäckform: gedrungen
Der Ofentrieb wird infolge der zu kurzen Stückgare und der Reichhaltigkeit des Teigs sowie der Füllung stark beeinträchtigt.

STÜCKGARE ZU LANG

Gebäckform: pilzförmig
Je länger die Stückgare, desto instabiler wird die Glutenstruktur und das Gebäck fällt in sich zusammen.

Struktur: talgig
Durch den ungenügenden Ofentrieb in Verbindung mit der reichhaltigen Füllung entsteht eine kompakte Teigstruktur.

Struktur: Trennung von Teig und Füllung
Durch das ausgeprägte Hochziehen des Teiges zu Beginn des Backprozesses trennt sich der Teig von der Füllung.

Arbeitstechnik

WICHTIGE HINWEISE

- Das Tourieren bezweckt eine wechselweise Teig-Butterschichtung, um eine physikalische Lockerung zu erzielen. Diese Lockerung ist verantwortlich, dass die Gebäcke eine blättrige, luftige Gebäckstruktur erhalten.
- Je höher der Butteranteil im Teig, desto mehr Fettschichten benötigt der Teig. Butterplatte: Durch die elastische Struktur sind Butterplatten tourierfreundlich und verleihen dem Teig gleichmässige Schichten.
- Die Konsistenz der einzuschlagenden Butter muss, damit gleichmässige Schichten entstehen, mit derjenigen des Grundteigs identisch sein.
- Beim Tourieren mit der Ausrollmaschine besteht die Gefahr, dass die Fettschichten durch zu schnelles Engstellen der Walzen zerstört werden. Nur ein gleichmässiges, vorsichtiges Ausrollen, d.h. Tourieren, bringt gute und regelmässige Gebäckresultate.
- Beim Tourieren der Hefeteige wird hauptsächlich die einfache Tour eingesetzt. Selten werden die einfache und die doppelte Tour kombiniert.
- Die Anzahl Touren richtet sich nach der Buttermenge, die eingeschlagen wird. Bei den meisten tourierten Hefeteigen werden drei einfache Touren gegeben.

WEITERE INFORMATIONEN
Allgemeine und detaillierte Informationen zu tourierten Teigen finden Sie im Grundlagenbuch Seite 323–329.

TEIGART	BUTTERBEIGABE	TOURENZAHL
Tourierter Hefesüssteig	10–20% auf Grundteig	3 einfache Touren = 27 Fettschichten
Buttergipfelteig	20–30% auf Grundteig	3 einfache Touren = 27 Fettschichten
Plunderteig	25–45% auf Grundteig	1 doppelte Tour, 2 einfache Touren = 36 Fettschichten

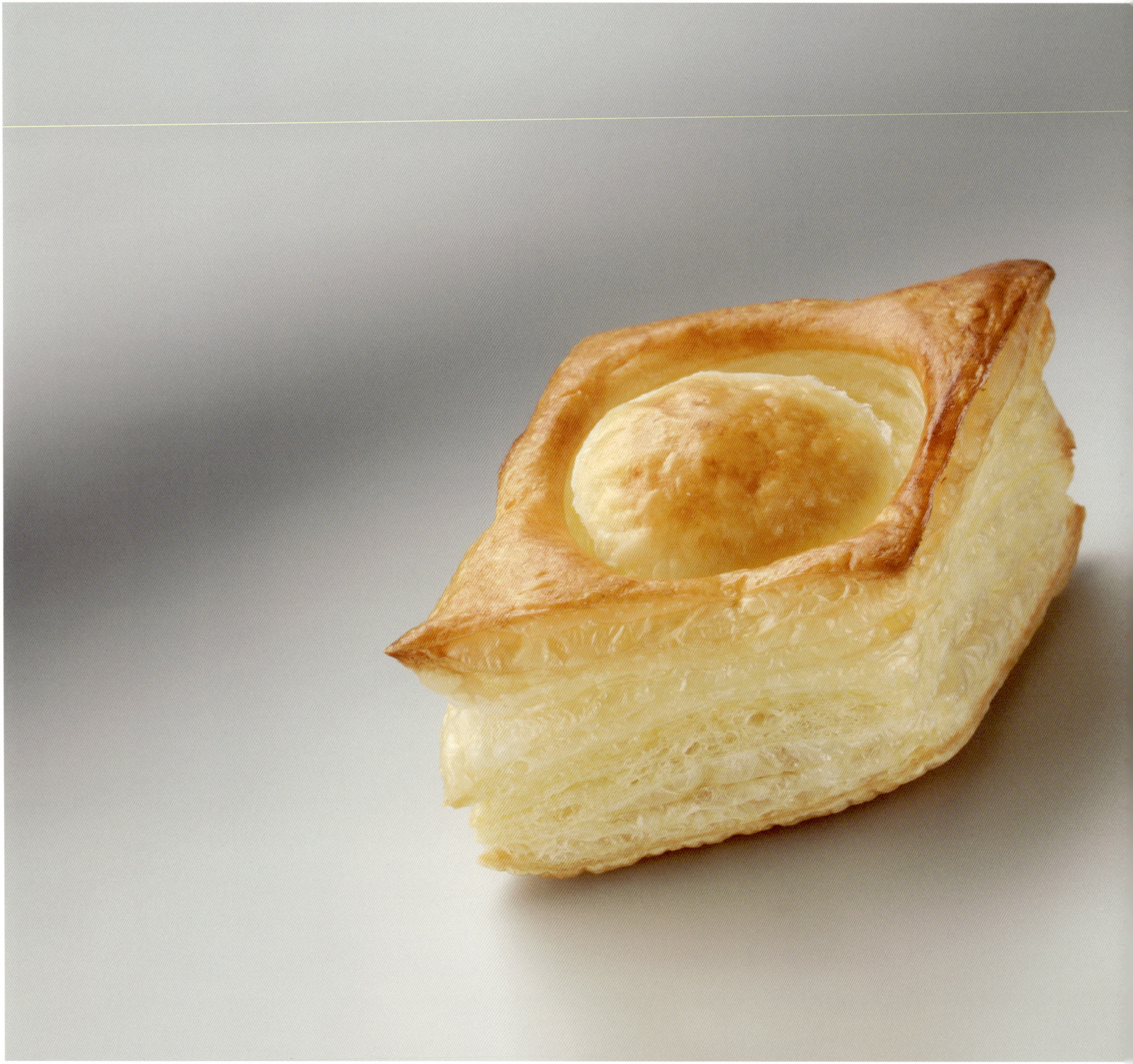

DAS IDEALE PRODUKT
Blätterteige

Deutscher Blätterteig	124
Tempo-Blätterteig	134
Französischer Blätterteig	136
Holländischer Blätterteig	138
Arbeitstechnik	140

Deutscher Blätterteig

DEUTSCHE METHODE
Diese Methode ergibt einen stark treibenden Blätterteig und wird für Produkte mit sehr grossem Volumen empfohlen, z.B. für Pastetli.

Rezeptbeispiel

DEUTSCHER BLÄTTERTEIG (3483 G)

1530 g	Weizenmehl 400	
765 g	Wasser	
150 g	Butter	
38 g	Speisesalz, im Wasser aufgelöst	
1000 g	Butterplatten	→ *zum eintourieren*

Produktebeschrieb
- Teig: Deutscher Blätterteig
- Form: je nach Produkt
- Beschaffenheit: elastische Struktur

Geschmacksprofil
butterig, leicht salzig

Nährwerte je 100 g
Energiewert 1679 kJ/401 kcal; Fett 28.0 g; gesät. Fettsäuren 16.0 g; Kohlenhydrate 31.0 g; Zucker 0.6 g; Eiweiss 5.3 g; Salz 1.1 g

Verzeichnis der Zutaten
Weizenmehl, Butter, Wasser, Speisesalz jodiert

Hinweis
vegetarisch

HERSTELLUNG
1. Alle Rohstoffe zu einem plastischen Teig kneten.
2. Nach der Teigherstellung den Grundteig portionieren, rechteckig ausrollen und 60 Minuten bei 2–5 °C ruhen lassen.
3. Butterplatte auf vorgerollten Grundteig auflegen. Die Randpartie über die Butterplatte legen und die andere Teighälfte überlegen und gut verschliessen.
4. 1. und 2. Doppeltour geben, dazwischen 60 Minuten bei 2–5 °C lagern. Nach der 2. doppelten Tour können die Teige bis zur Weiterverarbeitung bei –18 °C gelagert werden. Bei Bedarf eine 3. und 4. doppelte Tour geben. Vor der Weiterverarbeitung müssen die Teige zur Entspannung des Glutens mindestens 60 Minuten kühlgestellt werden.

LAGERUNG
Bei 2–5° C oder bei –18° C lagern.

1 Grundteig
2 Grundteig ausrollen und kühlen 
3 Einschlagen 
4 Tourieren

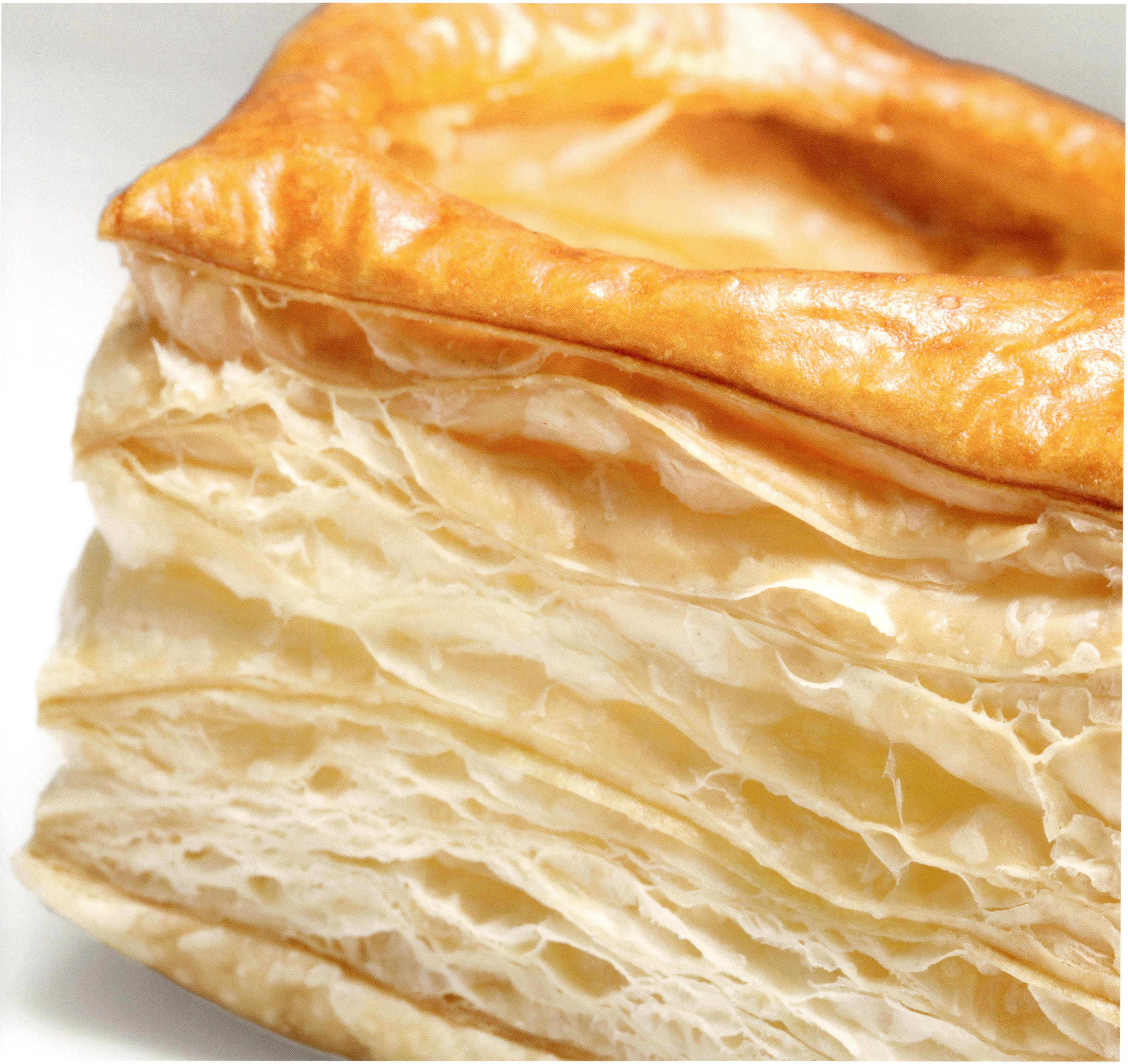

Einflüsse bei der Teigherstellung

MIT STANDARD-MEHL 400, NUR GEMISCHT

Gebäckform: unförmig, oval, zu wenig stabil
Der Gluten wird durch das fehlende Auskneten nicht aktiviert. Dadurch kann sich der Teig beim Backen nicht optimal entwickeln.

MIT STANDARD-MEHL 400, AUSGEKNETET

Gebäckform: ideal
Mit einem ausgekneteten Teig können sehr gute Backergebnisse erzielt werden. Die Knetzeit muss der Mehlqualität angepasst werden.

MIT STANDARD-MEHL 400, MIT MALZBEIGABE

Gebäckform: unförmig, schief
Gebäckfarbe: etwas intensiver
Die Malzbeigabe fördert durch die Enzymaktivität die Teigentwicklung beim Backen zusätzlich und macht das Gebäck instabil.

MIT SCHWACHEM MEHL, NUR GEMISCHT / AUSGEKNETET

Gebäckform: gedrungen, flach
Schwaches Mehl bewirkt beim Verarbeiten (ausrollen, ausstechen), dass der Teig sehr schnell weich und nachlassend wird. Beim Backen findet deshalb kaum eine Teigentwicklung statt.

Das ideale Produkt **Konditorei** Blätterteige 127

MIT SCHWACHEM MEHL, MIT MALZBEIGABE

Gebäckform: unförmig, gedrungen, flach
Oberfläche: rissig
Gebäckfarbe: intensiv
Malz bewirkt eine intensivere Gebäckfärbung und schwächt die Teigentwicklung.

MIT STARKEM MEHL, NUR GEMISCHT

Gebäckform: gedrungen
Oberfläche: rissig
Die Methode «mischen» eignet sich bei starkem Mehl nicht: Der Teig wird zu fest und kann sich beim Backen nicht entwickeln. Im mittleren Teil des Gebäcks können Risse entstehen.

MIT STARKEM MEHL, AUSGEKNETET

Gebäckform: gleichmässig, etwas gedrungen
Das Auskneten des Grundteigs beeinflusst den Ofentrieb positiv, allerdings wird mit starkem Mehl nicht die optimale Gebäckform erreicht.

MIT STARKEM MEHL, MIT MALZBEIGABE

Gebäckform: unförmig, gedrungen
Oberfläche: blättert ab
Gebäckfarbe: intensiv
Die Malzbeigabe bewirkt, dass das Gebäck in der Farbe intensiver ist. Zu viel Enzyme im Teig wirkt sich ungünstig aus und es kommt zum Abblättern. Die Teigentwicklung beim Backen wird nur schwach beeinflusst.

Blätterteige Das ideale Produkt **Konditorei**

Einflüsse durch die Teigruhe

KEINE RUHEZEIT VOR DEM TOURIEREN

Gebäckform: unförmig, schief
Teigeigenschaft: unkontrolliert
Ohne Ruhezeit wird der Gluten nicht entspannt und der Teig hat nicht die richtige Konsistenz für die Weiterverarbeitung.

60 MINUTEN RUHEZEIT VOR DEM TOURIEREN

Gebäckform: gut, sehr stabil
Teigeigenschaft: ideal
Vor dem Weiterverarbeiten sollte der Teig 60 Minuten bei 2–5 °C abstehen. Während dieser Zeit kann sich der intensiv bearbeitete Gluten entspannen und eine gleichmässige Teig-Butterkonsistenz entsteht.

ZU LANGE RUHEZEIT VOR DEM TOURIEREN

Gebäckform: unförmig, zu intensiver Trieb
Teigeigenschaft: unkontrolliert
Durch zu lange Abstehzeiten entsteht eine schwache Glutenstruktur und die Teigentwicklung beim Backen ist dadurch unkontrollierbar.

VOR DEM TOURIEREN IM TIEFKÜHLER ZWISCHENGELAGERT

Gebäckform: unförmig, zu intensiver Trieb
Oberfläche: Teig blättert seitlich ab
Tiefgekühlte Teige weisen eine ungenügende Konsistenz auf und entwickeln beim Backen einen zu starken Trieb.

Das ideale Produkt **Konditorei** Blätterteige 129

Einflüsse beim Tourieren

BUTTER WEICHER ALS TEIG

Gebäckform: unförmig, schief, zu voluminös
Teigeigenschaft: instabil
Zu weiche Butter wird beim Tourieren herausgedrückt oder vermischt sich mit den Teigschichten.

BUTTER HÄRTER ALS TEIG

Gebäckform: unförmig, schief, zu voluminös
Oberfläche: leicht gerissen
Teigeigenschaft: instabil
Damit gleichmässige Schichten entstehen, sollte die Konsistenz von Butter und Grundteig möglichst gleich sein. Zu harte Butter bricht und ergibt eine schlechte Trennwirkung.

ZU WENIG BUTTER EINTOURIERT

Gebäckfarbe: zu hell
Geschmack: fad
Die korrekte Zusammensetzung des Blätterteigs (2 Teile Grundteig und 1 Teil Fettstoff) ergeben eine hervorragende Qualität und ein gutes Aroma.

ZU VIEL BUTTER EINTOURIERT

Gebäckform: unregelmässiger Gebäckboden
Geschmack: zu butterig
Beim Backen setzt sich der Fettstoff und führt zu unschönen Böden.

ZU WENIG TOUREN

Gebäckform: unförmig, schief, instabil

Bei zu wenig Touren entstehen dicke Fettschichten. Diese verflüssigen sich beim Backen und das Fett läuft aus. Dadurch treibt der Teig sehr grob und unregelmässig.

ZU VIELE TOUREN

Gebäckform: untypisch, gedrungen, kompakt

Zu viele Butterschichten ergeben ein kompaktes Gebäck mit wenig Volumen.

Das ideale Produkt **Konditorei** Blätterteige 131

Einflüsse beim Ausrollen

EINSEITIG AUSGEROLLT

Gebäckform: arttypisch, oval
Zu starkes Ausrollen in eine Richtung ergibt unförmige Gebäcke.

ZU DICK AUSGEROLLT, 3 MM

Gebäckform: unförmig, schief
Die hohen Teigschichten beeinflussen die Entwicklung beim Backen zu stark.

Einflüsse beim Weiterverarbeiten

MIT EI ZUSAMMENGESETZT

Oberfläche: sichtbare, gelbliche Trennlinie
Das Zusammensetzen des Bodens und Deckels mit Ei ergibt auf der Pastetliwand eine sichtbare gelbliche Trennlinie.

MIT WASSER ZUSAMMENGESETZT

Oberfläche: gleichmässig
Beim Zusammensetzen des Bodens und Deckels mit Wasser erhält das Gebäck zusätzlichen Trieb und die Pastetliwand weist eine gleichmässige Färbung auf.

Das ideale Produkt **Konditorei** Blätterteige 133

Einflüsse beim Backen

MIT DAMPF / ZUG ZU

Gebäckform: unförmig, schief
Dampf erzeugt beim Backen zusätzlichen Trieb und kann bis zum Trennen der Schichten führen.

OHNE DAMPF / ZUG OFFEN

Gebäckform: ideal
Die warme und trockene Backatmosphäre ergibt das typisch rösch-blättrige Gebäck.

AUF SILIKONPAPIER

Gebäckform: ideal
Silikonpapier zieht Fett nicht an und eignet sich deshalb – im Gegensatz zu Druckausschusspapier – sehr gut als Backunterlage.

AUF SILPATMATTE / SILPAINMATTE / TEFLONMATTE

Gebäckform: ausgeprägter Gebäckboden
Beim Backen setzt sich der Fettstoff und führt zu unschönen Böden.

Tempo-Blätterteig

TEMPO-METHODE

Diese Methode ergibt einen schwach treibenden Blätterteig und wird für Produkte mit geringem Volumen verwendet, z.B. für Konfekt, Stückli und gefüllte Produkte.

Rezeptbeispiel

TEMPO-BLÄTTERTEIG (11625 G)

5000 g	Weizenmehl 550
2000 g	Butter, gewürfelt
2500 g	Wasser
125 g	Speisesalz → *im Wasser aufgelöst*
2000 g	Butterplatten

Produktebeschrieb
- Teig: Tempo-Blätterteig
- Form: je nach Produkt
- Beschaffenheit: elastische Struktur

Geschmacksprofil
butterig, leicht salzig

Nährwerte je 100 g
Energiewert 1690 kJ/404 kcal; Fett 29.0 g; gesät. Fettsäuren 17.0 g; Kohlenhydrate 31.0 g; Zucker 0.0 g; Eiweiss 4.9 g; Salz 1.1 g

Verzeichnis der Zutaten
Weizenmehl, Butter, Wasser, Speisesalz jodiert

Hinweis
vegetarisch

HERSTELLUNG

1. Mehl und Butter reiben. Danach Wasser beigeben und zu einem Teig mischen. Nach der Teigherstellung den Grundteig portionieren, rechteckig ausrollen und 60 Minuten bei 2–5 °C ruhen lassen.
2. Butterplatte auf vorgerollten Grundteig auflegen.
3. Die Randpartie über die Butterplatte legen und die andere Teighälfte überlegen und gut verschliessen.
4. 1. und 2. doppelte Tour geben, dazwischen 60 Minuten bei 2–5 °C lagern. Nach der 2. doppelten Tour können die Teige bis zur Weiterverarbeitung bei –18 °C gelagert werden. Bei Bedarf eine 3. und 4. doppelte Tour geben.

Vor der Weiterverarbeitung müssen die Teige zur Entspannung des Glutens mindestens 60 Minuten kühlgestellt werden.

LAGERUNG
Bei 2–5° C oder bei –18° C lagern.

1 Grundteig
2 Grundteig ausrollen 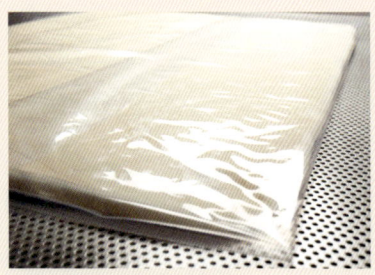
3 Einschlagen 
4 Tourieren

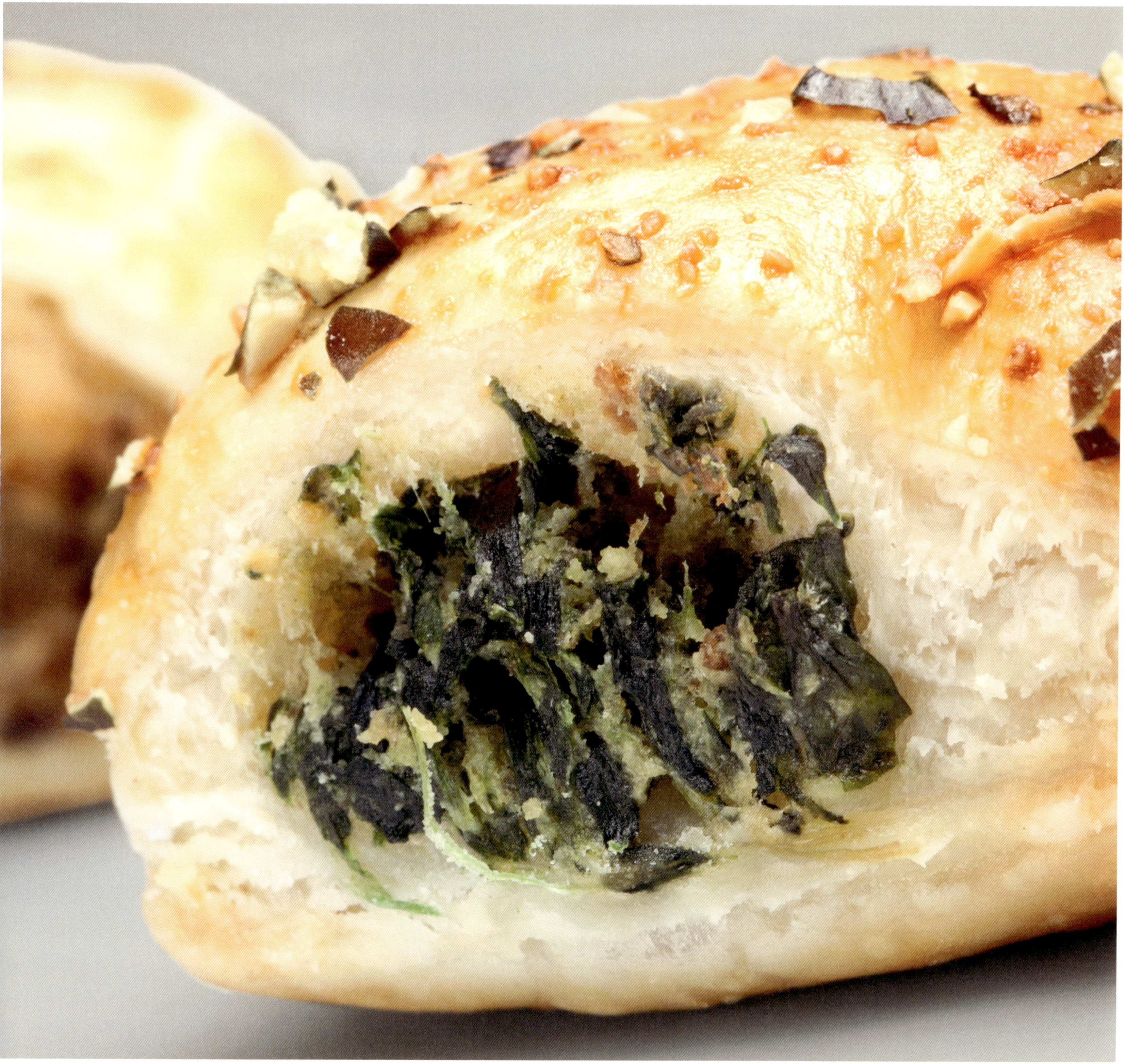

Französischer Blätterteig

FRANZÖSISCHE METHODE
Diese Methode ergibt einen stark treibenden Blätterteig und wird für Produkte mit sehr grossem Volumen empfohlen, z.B. für Pastetli.

Rezeptbeispiel

FRANZÖSISCHER BLÄTTERTEIG (22000 G)

2500 g	Weizenmehl 400
3750 g	Wasser
7000 g	Butter, gewürfelt
250 g	Speisesalz → *im Wasser aufgelöst*
7500 g	Weizenmehl 400
1000 g	Butter

Produktebeschrieb
- Teig: Französischer Blätterteig
- Form: je nach Produkt
- Beschaffenheit: elastische Struktur

Geschmacksprofil
butterig, leicht salzig

Nährwerte je 100 g
Energiewert 1795 kJ/429 kcal; Fett 30.0 g; gesät. Fettsäuren 18.0 g; Kohlenhydrate 33.0 g; Zucker 0.6 g; Eiweiss 5.5 g; Salz 1.1 g

Verzeichnis der Zutaten
Weizenmehl, Butter, Wasser, Speisesalz jodiert

Hinweis
vegetarisch

HERSTELLUNG
1. Die gewürfelte Butter und das Weizenmehl vermischen, rechteckig ausrollen und bis zur Weiterverarbeitung bei 2–5 °C lagern. Weizenmehl, Wasser, Speisesalz und Butter zu einem Teig kneten und bereitstellen zum Tourieren.
2. Grundteig auf das vorgerollte Butter-Mehlgemisch legen. Die Randpartie über die Grundteigplatte legen und die andere Hälfte überlegen. Den Rand gut zusammenpressen, damit der Grundteig beim Tourieren nicht herausgedrückt wird.
3. 1. und 2. doppelte Tour geben, dazwischen 60 Minuten bei 2–5 °C lagern. Bei der 1. doppelten Tour muss besonders vorsichtig und exakt gearbeitet werden. Nach der 2. doppelten Tour können die Teige bis zur Weiterverarbeitung bei −18 °C gelagert werden. Bei Bedarf eine 3. und 4. doppelte Tour geben.

Vor der Weiterverarbeitung müssen die Teige zur Entspannung des Glutens mindestens 60 Minuten kühlgestellt werden.

LAGERUNG
Bei 2–5 °C oder bei −18 °C lagern.

1 Grundteig

2 Einschlagen

3 Tourieren

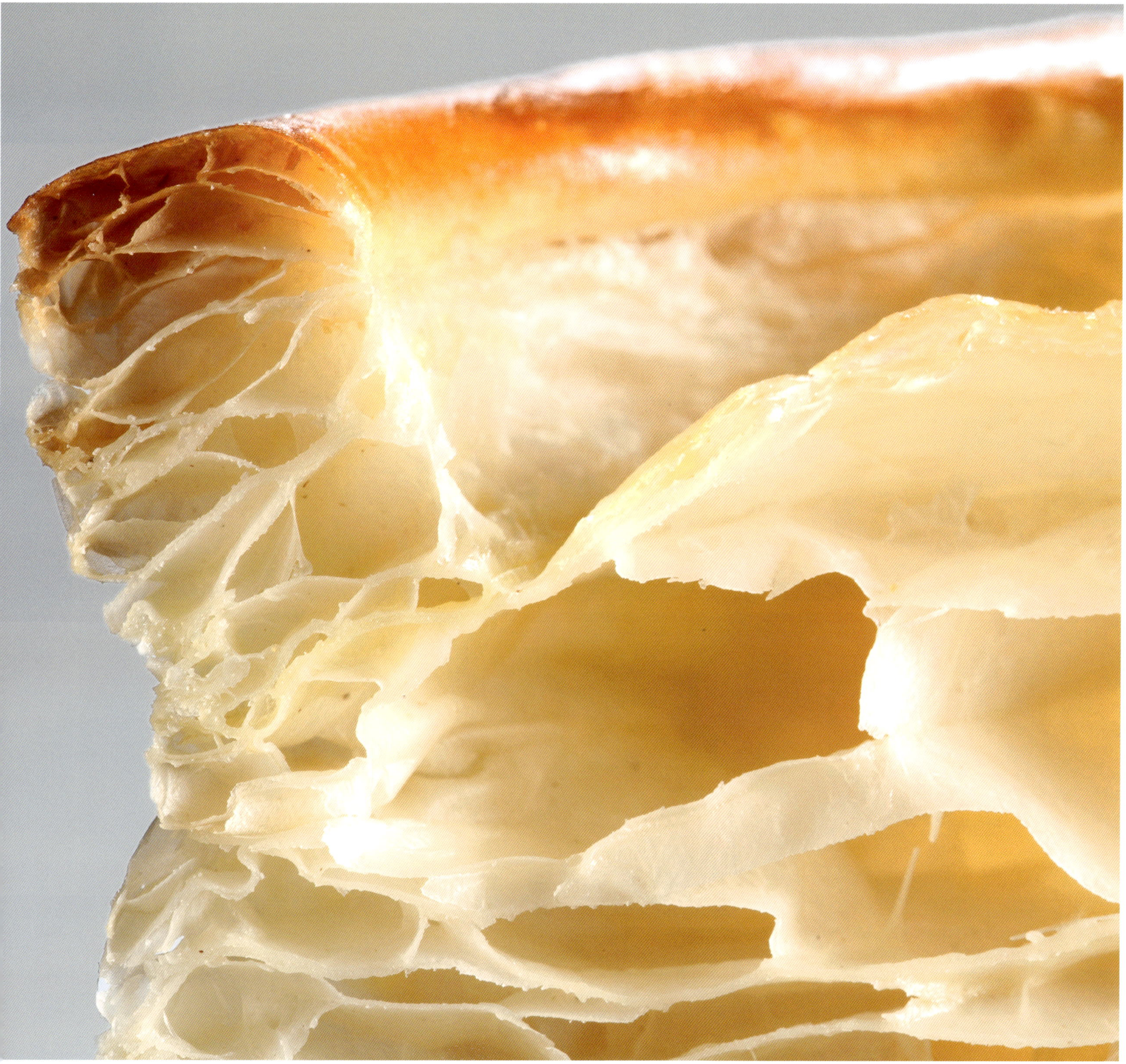

Holländischer Blätterteig

HOLLÄNDISCHE METHODE
Diese Methode ergibt einen schwach treibenden Blätterteig und wird für Produkte mit geringem Volumen verwendet, z.B. für Konfekt, Stückli und gefüllte Produkte.

Rezeptbeispiel

HOLLÄNDISCHER BLÄTTERTEIG (7025 G)

3000 g	Weizenmehl 400	
2400 g	Butter kalt, gewürfelt	
1550 g	Wasser	
75 g	Speisesalz	→ *im Wasser aufgelöst*

Produktebeschrieb
- Teig: Holländischer Blätterteig
- Form: je nach Produkt
- Beschaffenheit: elastische Struktur

Geschmacksprofil
butterig, leicht salzig

Nährwerte je 100 g
Energiewert 1684 kJ / 402 kcal; Fett 28.0 g; gesät. Fettsäuren 17.0 g; Kohlenhydrate 31.0 g; Zucker 0.6 g; Eiweiss 5.2 g; Salz 1.1 g

Verzeichnis der Zutaten
Weizenmehl, Butter, Wasser, Speisesalz jodiert

Hinweis
vegetarisch

HERSTELLUNG
1. Die Butter in grosse Würfel schneiden. Bis zur Teigherstellung bei 2–5 °C lagern oder evtl. kurz tiefkühlen.
2. Alle Zutaten miteinander kurz mischen. Die Butterwürfel sollen bei der Teigherstellung möglichst ganz bleiben.
3. Teig portionieren und in einer Form oder im Teigteiler zu einem Rechteck formen. Die Teigrechtecke evtl. vor dem Tourieren nochmals bei 2–5 °C stabilisieren.
4. 1. und 2. doppelte Tour geben, dazwischen 60 Minuten bei 2–5 °C lagern. Nach der 2. doppelten Tour können die Teige bis zur Weiterverarbeitung bei –18 °C gelagert werden. Bei Bedarf eine 3. und 4. doppelte Tour geben.

Vor der Weiterverarbeitung müssen die Teige zur Entspannung des Glutens mindestens 60 Minuten kühlgestellt werden.

LAGERUNG
Bei 2–5° C oder bei –18° C lagern.

1 Butterwürfel
2 Teigherstellung 
3 Teig formen 
4 Tourieren

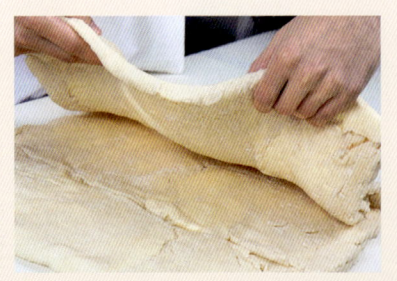

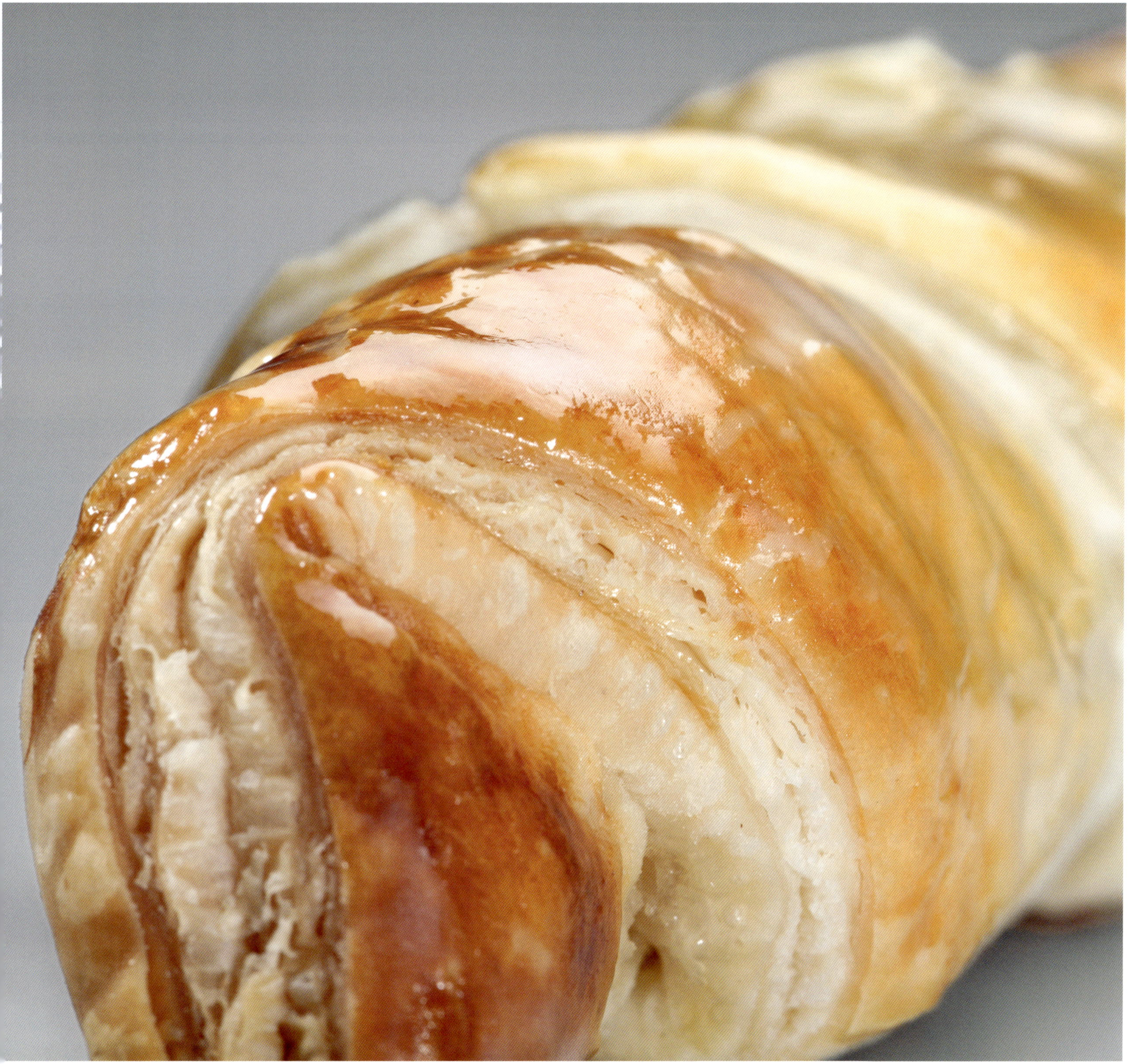

Arbeitstechnik

BLÄTTERTEIGARTEN
Zusammenfassung der vier Herstellungsmethoden:

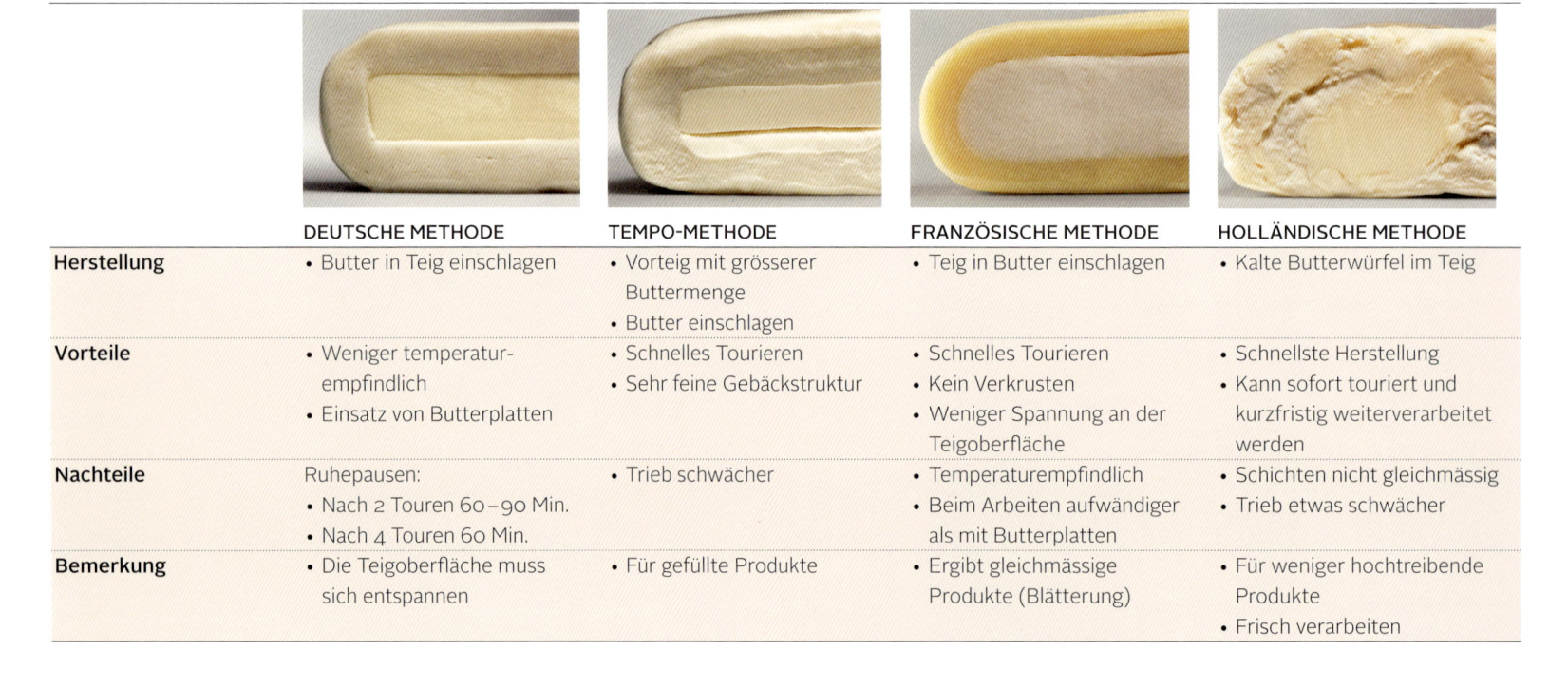

	DEUTSCHE METHODE	TEMPO-METHODE	FRANZÖSISCHE METHODE	HOLLÄNDISCHE METHODE
Herstellung	• Butter in Teig einschlagen	• Vorteig mit grösserer Buttermenge • Butter einschlagen	• Teig in Butter einschlagen	• Kalte Butterwürfel im Teig
Vorteile	• Weniger temperaturempfindlich • Einsatz von Butterplatten	• Schnelles Tourieren • Sehr feine Gebäckstruktur	• Schnelles Tourieren • Kein Verkrusten • Weniger Spannung an der Teigoberfläche	• Schnellste Herstellung • Kann sofort touriert und kurzfristig weiterverarbeitet werden
Nachteile	Ruhepausen: • Nach 2 Touren 60–90 Min. • Nach 4 Touren 60 Min.	• Trieb schwächer	• Temperaturempfindlich • Beim Arbeiten aufwändiger als mit Butterplatten	• Schichten nicht gleichmässig • Trieb etwas schwächer
Bemerkung	• Die Teigoberfläche muss sich entspannen	• Für gefüllte Produkte	• Ergibt gleichmässige Produkte (Blätterung)	• Für weniger hochtreibende Produkte • Frisch verarbeiten

WICHTIGE HINWEISE

- Die Knetzeit für die Teige richtet sich nach der vorhandenen Mehlqualität und der angewandten Herstellungsmethode.
- Damit gleichmässige Schichten entstehen, muss die Konsistenz des einzuschlagenden Fettstoffes mit derjenigen des Grundteigs identisch sein. Anderenfalls entsteht eine schlechte Trennwirkung und somit ein geringes Gebäckvolumen.
- Beim Tourieren mit der Ausrollmaschine besteht die Gefahr, dass die Fettschichten durch zu schnelles Engstellen der Walzen zerstört werden. Nur ein gleichmässiges, vorsichtiges Ausrollen bringt gute und regelmässige Gebäckresultate.
- Beim Tourieren der Blätterteigarten wird die doppelte Tour eingesetzt.
- Die Anzahl Touren richten sich nach der Buttermenge, die eingeschlagen wird. Bei den meisten Blätterteigarten werden vier doppelte Touren gegeben.
- Blätterteige sollten wegen der Säurebildung (Teige mit zäher und kurzer Struktur) nicht zu lange bei 2–5 °C gelagert werden. Durch zu lange Lagerung findet eine oxidative Veränderung statt, d.h. Verfärbung der Stippenteilchen, die den Teig grau und unappetitlich erscheinen lässt.
- Es besteht die Möglichkeit, dass die Teige auf Vorrat hergestellt und eingefroren werden. Die Teige müssen immer mit Plastik eingepackt werden, um eine Austrocknung zu vermeiden.
- Es gibt zwei Möglichkeiten zum Einfrieren:
  1. Teige werden fertig touriert eingefroren. Eignet sich für Produkte, bei denen ein nicht sehr starker Trieb gewünscht wird.
  2. Teige werden mit zwei Touren eingefroren und nach dem Auftauen bei 2–5 °C zwei weitere Touren gegeben. Auf diese Weise wird der Gluten angeregt. Dieser Teig eignet sich für Produkte, bei denen ein starker Trieb erwünscht ist.

WEITERE INFORMATIONEN

Allgemeine und detaillierte Informationen zu Blätterteige finden Sie im Grundlagenbuch Seite 330–340.

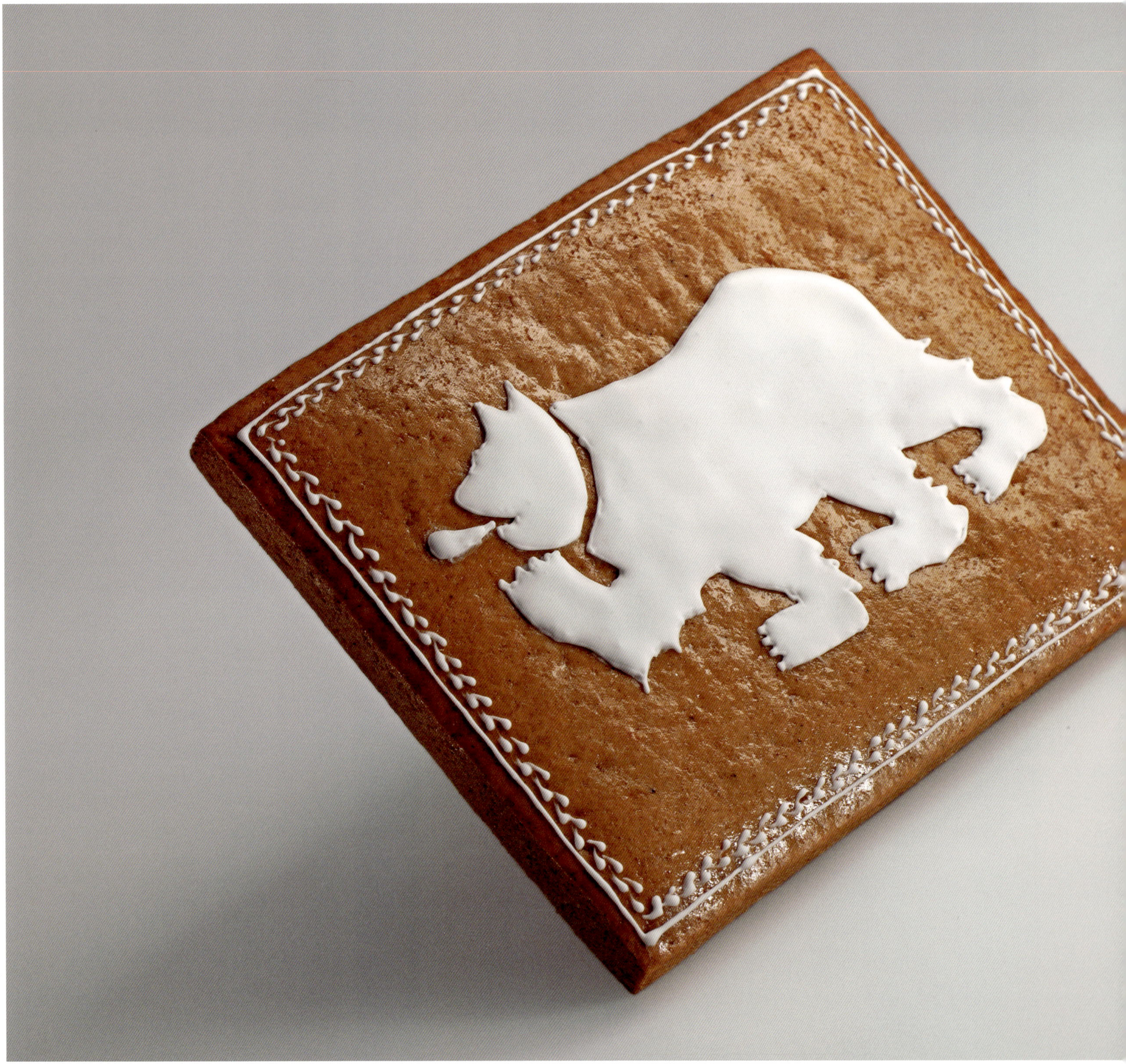

DAS IDEALE PRODUKT
Honigteige

Lebkuchenteig	144
Biberteig	152
Leckerliteig	154
Arbeitstechnik	156

Lebkuchenteig

Rezeptbeispiel

LEBKUCHENTEIG (4055 G)

850 g	Honig
50 g	Zucker
350 g	Dextrose
50 g	Wasser
250 g	Invertzucker
1000 g	Weizenmehl 400
1000 g	Dinkelmehl 720
50 g	Lebkuchengewürz
5 g	Zimt
150 g	Eier
20 g	Pottasche
50 g	Wasser
200 g	Milch
30 g	Triebsalz

ZUTATEN (100 G)

50 g	Milch zum Bestreichen
50 g	Gummi arabicum zum Bestreichen

Produktebeschrieb
- Teig: Honigteig
- Form: rund, Herz oder beliebige andere Form
- Oberfläche: glatt, glänzend (Gummi arabicum) beliebig ausgarniert
- Beschaffenheit: feinporig, weich

Geschmacksprofil
süss, würzig, leicht säuerlich

Nährwerte je 100 g
Energiewert 1313 kJ/314 kcal; Fett 1.6 g; gesät. Fettsäuren 0.3 g; Kohlenhydrate 68.0 g; Zucker 33.0 g; Eiweiss 6.4 g; Salz 0.11 g

Verzeichnis der Zutaten
Weizenmehl, Dinkelmehl, Bienenhonig (Mexiko/Guatemala) 21%, Traubenzucker, Invertzuckersirup (kristallisiert, 80% Trockenmasse, Invertzuckeranteil >98% d.TS), **Vollmilch, Eier,** Wasser, Zucker, Lebkuchengewürz, Backtriebmittel E503, Backtriebmittel E501, Zimt (Spuren von **Sulfit**)

Hinweis
vegetarisch

HERSTELLUNG
1. Den Honig auf 60 °C erwärmen.
2. Zuckermischung beigeben und auf 40 °C abkühlen lassen.
3. Mehl und Gewürz beigeben und mischen, anschliessend Eier dazugeben. Triebmittel bei einer Teigtemperatur von 30 °C beigeben. Teig während 1–6 Tage ruhen lassen.
4. Walzen und aufarbeiten.

BACKEN
Vor dem Backen die Oberfläche mit Milch bestreichen. Ca. 15 Minuten bei 180–200 °C mit offenem Zug backen. Nach dem Backen die Gebäcke noch heiss mit Gummi arabicum bestreichen oder besprühen und individuell dekorieren.

VERPACKEN/LAGERUNG
Luftdicht in Frischhaltefolien verpackt.

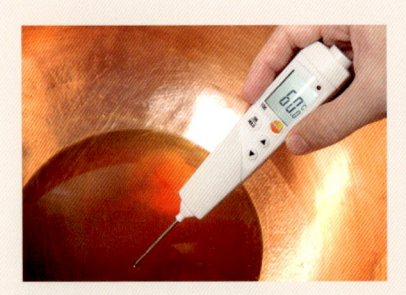

1. Honig erwärmen
2. Zuckermischung beigeben 
3. Restliche Zutaten beigeben 
4. Walzen

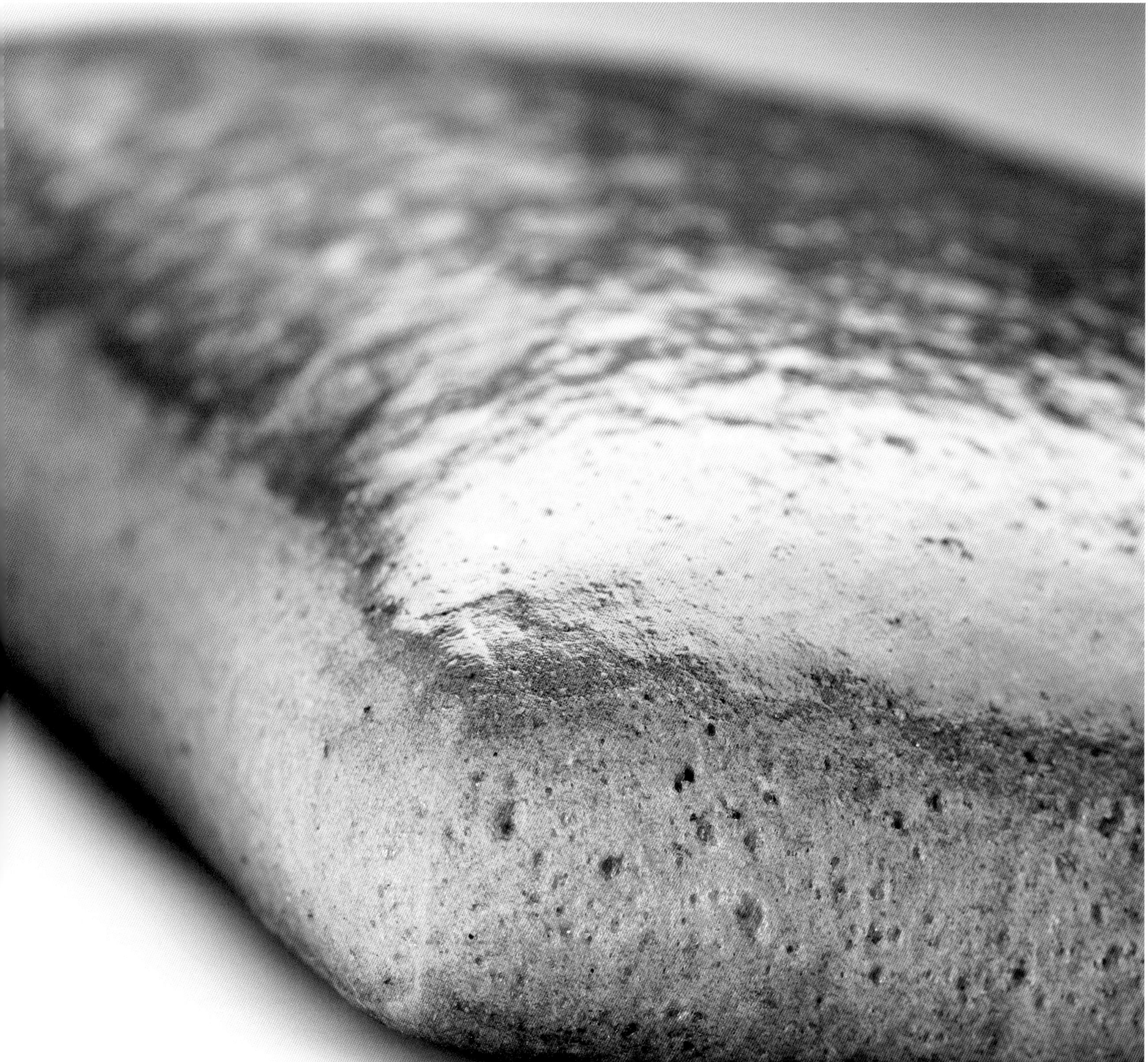

Einflüsse bei der Teigherstellung

MIT 2 % WENIGER MEHL

Gebäckform: eher flach, leicht breitlaufend
Oberfläche: glatt, glänzend
Struktur: grobe Porung mit Luftlöcher am Boden
Der weiche Teig ist zu luftig. Beim Backen bilden sich deshalb Luftblasen am Boden.

MIT REINEM WEIZENMEHL 400

Gebäckform: leicht breitlaufend
Oberfläche: glatt, glänzend
Struktur: feine Porung, weich
Reines Weizenmehl 400 wird nur verarbeitet, wenn es glutenschwach ist.

MIT WEIZENMEHL 1100

Gebäckform: arttypisch
Oberfläche: glatt, glänzend
Struktur: zu kompakte Porung
Bei Verwendung von Weizenmehl 1100 entsteht ein optisch schönes Gebäck, allerdings wird das Produkt kompakter als mit Weizenmehl 400.

TRIEBMITTEL ZUSAMMEN AUFGELÖST

Gebäckform: arttypisch
Oberfläche: glatt, glänzend
Struktur: feine und regelmässig Porung, arttypisch
Zusammen aufgelöste Triebmittel ergibt eine schwache und helle Gebäckfarbe.

Das ideale Produkt **Konditorei** Honigteige 147

MIT TRIEBMITTEL, BEI 40 °C BEIGEGEBEN

Gebäckform: arttypisch
Oberfläche: glatt, glänzend
Struktur: unregelmässig Porung mit Luftlöcher
Wenn die Triebmittel in zu warme Teige beigegeben werden, verliert das Gebäck an Stabilität und die Porung wird unregelmässig.

MIT 1.5 % MEHR EIER

Gebäckform: arttypisch
Oberfläche: glatt, glänzend
Struktur: unregelmässige Porung
Die Erhöhung der Eiermenge macht den Teig zwar weicher, stabilisiert aber beim Backen.

OHNE GEWÜRZ

Gebäckform: arttypisch
Oberfläche: glatt, glänzend
Struktur: sehr grobe und unregelmässige Porung mit Luftlöchern am Boden
Die Gewürzstruktur ist mitverantwortlich für das Porenbild.

MIT WEIZEN- UND DINKELMEHL (1:1)

Gebäckform: arttypisch
Oberfläche: glatt, glänzend
Struktur: feinporig, weich, arttypisch
In der Regel ist dies die ideale Mehlmischung.

Einflüsse beim Verarbeiten

MIT WEIZEN- UND DINKELMEHL, NICHT GEWALZT

Gebäckform: unregelmässig, etwas unförmig
Oberfläche: glatt, glänzend
Struktur: Luftlöcher am Boden
Durch den fehlenden Walzvorgang ist der Teig zu wenig homogen und es entstehen Luftlöcher am Boden.

MIT REINEM WEIZENMEHL 400, NICHT GEWALZT

Gebäckform: breitlaufend
Oberfläche: glatt, glänzend
Struktur: flach, grobe und unregelmässige Porung, eher geringes Volumen
Durch den fehlenden Walzvorgang ist der Teig zu wenig homogen und die Glutenstränge werden nicht angeregt.

MIT 1.5 % EIER, NICHT GEWALZT

Gebäckform: unregelmässig
Oberfläche: matt
Struktur: unregelmässige Porung mit Luftlöchern unter der Oberfläche
Durch die zusätzliche Eierbeigabe entsteht mehr Feuchtigkeit, was Luftlöcher verursacht.

1 MONAT GELAGERT UND GEWALZT

Gebäckform: hoch
Oberfläche: glatt, glänzend
Struktur: feine Porung, weich
Das Walzen bei lang gelagerten Teigen bewirkt eine Festigung des Teiges und eine höhere Volumenausbeute.

Einflüsse beim Backen

ZU KALT GEBACKEN, 170 °C, OHNE DAMPF

Gebäckform: voluminös, untypisch
Oberfläche: glatt, glänzend
Struktur: grobe Porung, wirkt trocken
Zu kalte Backtemperaturen bewirken, dass das Gebäck zu voluminös und luftig wird und deshalb schneller austrocknet.

ZU KALT GEBACKEN, 170 °C, MIT DAMPF

Gebäckform: arttypisch
Oberfläche: glatt, glänzend
Struktur: grobe Porung, leicht voluminös, leicht trocken, untypisch
Mit Dampfbeigabe kann bei kalter Backtemperatur eine typische Gebäckform erreicht werden.

ZU WARM GEBACKEN, 210 °C, OHNE DAMPF

Gebäckform: untypisch, voluminös, hoch
Oberfläche: glatt, glänzend, zu dunkel
Struktur: kompakt und sehr gut getrieben, feine Porung, wirkt trocken
Die zu warme Temperatur erzeugt zusätzliches Volumen – das Gebäck bleibt aber sehr kompakt.

ZU WARM GEBACKEN, 210 °C, MIT DAMPF

Gebäckform: arttypisch
Oberfläche: glatt, glänzend
Struktur: unregelmässige Porung
Mit Dampfbeigabe kann bei zu warmer Backtemperatur ein optimale Gebäckform erreicht werden, ausserdem wird das Gebäck luftiger.

Honigteige — Das ideale Produkt **Konditorei**

BACKEN AUF SILIKONPAPIER

Gebäckboden: kleine Löcher
Dieses Backpapier eignet sich am besten für das Backen von Lebkuchen.

BACKEN AUF DRUCKAUSSCHUSSPAPIER

Gebäckboden: Papier-Rückstände
Das Papier lässt sich nicht vollständig vom Gebäck lösen und eignet sich deshalb nicht für diesen Teig.

BACKEN AUF SILPATTMATTE

Gebäckboden: kleine Löcher
Der Dampf kann nicht entweichen, dadurch entstehen kleine Löcher am Gebäckboden.

BACKEN AUF SILPAINMATTE

Gebäckboden: regelmässig, flach
Die gute Luftzirkulation der gelochten Matte ergibt einen sehr schönen Gebäckboden.

BACKEN AUF BACKBLECH

Gebäckboden: beschädigt
Das Gebäck klebt auf dem Blech und der Boden wird beschädigt.

BACKEN AUF GEFETTETEM BACKBLECH

Gebäckboden: breitlaufend, unförmig
Das Fett bewirkt, dass das Produkt breit läuft und unförmig wird. Am Boden entstehen Löcher.

BACKEN AUF GEFETTETEM BACKBLECH MIT MEHL

Gebäckboden: Fett und Mehl bleiben am Boden kleben.

BACKEN AUF BACKBLECH MIT MEHL

Gebäckboden: Mehlrückstände
Der Gebäckboden bleibt schön, allerdings ist er mit Mehl bestäubt.

Biberteig

Rezeptbeispiel

BIBERTEIG (4140 G)

1200 g	Honig
400 g	Dextrose
150 g	Wasser
1000 g	Weizenmehl 400
1000 g	Dinkelmehl Typ 720
60 g	Bibergewürz
80 g	Eigelb
20 g	Triebsalz
100 g	Milch
30 g	Pottasche
100 g	Kirsch 40 Vol.-%

ZUTATEN (1050 G)

950 g	Mandelmasse
50 g	Milch zum Bestreichen
50 g	Gummi arabicum zum Bestreichen

Produktebeschrieb
- Teig: eher fester Honigteig
- Form: meist rund, rechteckig oder rautenförmig
- Oberfläche: glänzend, gummiert, Konturen des Models gut sichtbar
- Beschaffenheit: weich, feinporiger als Lebkuchen

Geschmacksprofil
süss, würzig, leicht säuerlich

Nährwerte je 100 g
Energiewert 1351 kJ/323 kcal; Fett 1.8 g; gesät. Fettsäuren 0.3 g; Kohlenhydrate 68.0 g; Zucker 34.0 g; Eiweiss 6.2 g; Salz 0.1 g

Verzeichnis der Zutaten
Bienenhonig (Mexiko/Guatemala) 29%, **Weizenmehl, Dinkelmehl,** Traubenzucker, Wasser, **Vollmilch,** Kirsch 40 Vol.-%, **Eigelb,** Bibergewürz, Backtriebmittel E501, Backtriebmittel E503

Hinweis
vegetarisch

HERSTELLUNG
1. Den Honig auf 60 °C erwärmen. Zuckermischung beigeben und auf 40 °C abkühlen lassen. Mehl und Gewürz beigeben und mischen, anschliessend Eier dazugeben. Triebmittel bei einer Teigtemperatur von 30 °C beigeben. Teig während 1–6 Tagen ruhen lassen.
2. Teig 3-mal durch die 1,5 cm offene Walze lassen. Teig und Füllung ausrollen und zusammensetzen.
3. Die gefüllten Teigplatten individuell zuschneiden. Teiglinge auf poröse Silikonmatten absetzen.
4. Vor dem Backen die Oberfläche mit Milch bestreichen.

BACKEN
Ca. 15 Minuten bei 180–200 °C mit offenem Zug backen. Nach dem Backen die Gebäcke noch heiss mit Gummi arabicum bestreichen oder besprühen und individuell dekorieren.

VERPACKEN/LAGERUNG
Luftdicht in Frischhaltefolien verpackt.

1 Teigherstellung
2 Zusammensetzen 
3 Zuschneiden 
4 Backen

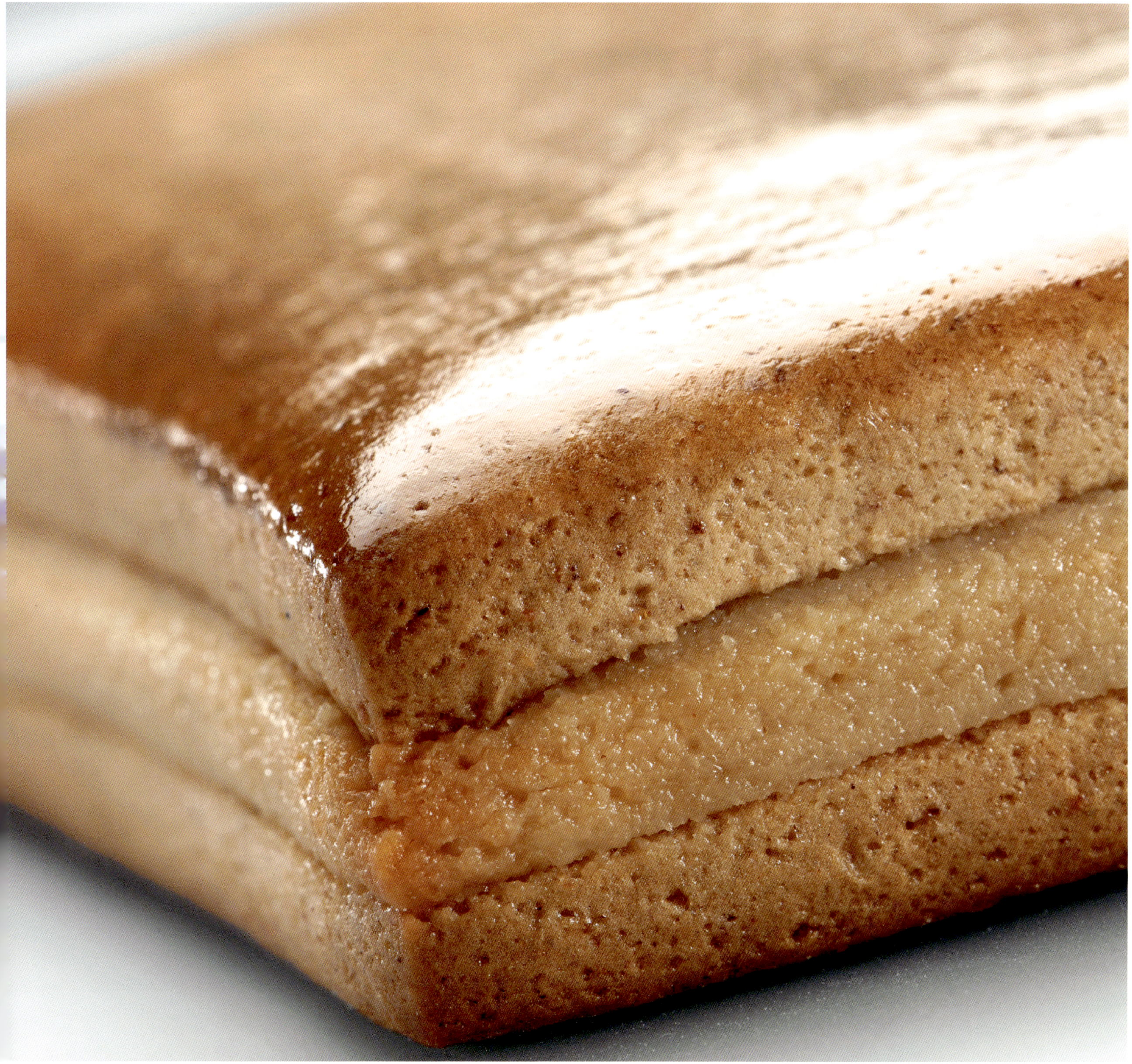

Honigteige · Das ideale Produkt **Konditorei**

Leckerliteig

Rezeptbeispiel

LECKERLITEIG (4371 G)

1050 g	Honig
900 g	Zucker
600 g	Mandeln weiss, gemahlen
300 g	Orangeat (3 x 3 mm)
12 g	Zimt
6 g	Muskat
3 g	Nelkenpulver
15 g	Zitronenschale
30 g	Zitronensaft
15 g	Orangensaft
90 g	Kirsch 40 Vol.-%
1350 g	Weizenmehl 400

ZUTAT (320 G)

320 g	Zuckerglasur

Produktebeschrieb
- Teig: Honigteig mit grob gemahlenen Mandeln, Orangeat und Zitronat
- Form: rechteckig
- Oberfläche: uneben, glänzend, Glasur in den Vertiefungen, leicht auskristallisiert
- Beschaffenheit: knusprig, leicht hart

Geschmacksprofil
süss, blumig, fruchtig, nussig, würzig, leicht säuerlich

Nährwerte je 100 g
Energiewert 1639 kJ/392 kcal; Fett 9.2 g; gesät. Fettsäuren 0.0 g; Kohlenhydrate 70.0 g; Zucker 48.0 g; Eiweiss 5.7 g; Salz 0.0 g

Verzeichnis der Zutaten
Weizenmehl, Bienenhonig (Mexiko/Guatemala) 24%, Zucker, **Mandeln,** Orangeat (Zucker, Glukosesirup, Orangenschalen) Kirsch 40 Vol.-%, Zitronensaft, Zitronenschale, Orangensaft, Zimt (Spuren von **Sulfit**), Muskatnuss, Nelkenpulver

Hinweis
vegetarisch, laktosefrei

HERSTELLUNG

1. Honig auf 90 °C erwärmen, danach Zucker beigeben und auflösen. Abkühlen auf 30 °C.
2. Restliche Zutaten beigeben und miteinander mischen.
3. Teig direkt nach der Herstellung verarbeiten. Teig auf 6 mm Dicke ausrollen. Auf Silikonpapier oder Silpatmatte abrollen und gut stupfen.
4. Sofort nach dem Backen die Glasur auf die heissen Gebäcke mit der Bürste auftragen. Die Glasur auf der Oberfläche massieren bis der Zucker teilweise kristallisiert. Mit Sägemesser oder Schneidemaschine in die gewünschte Grösse schneiden.

BACKEN
Bei 200–210 °C mit offenem Zug backen.

VERPACKEN/LAGERUNG
Luftdicht in Frischhaltefolien verpackt.

1. Honig erwärmen
2. Restliche Zutaten beigeben 
3. Aufarbeiten und Backen 
4. Glasieren

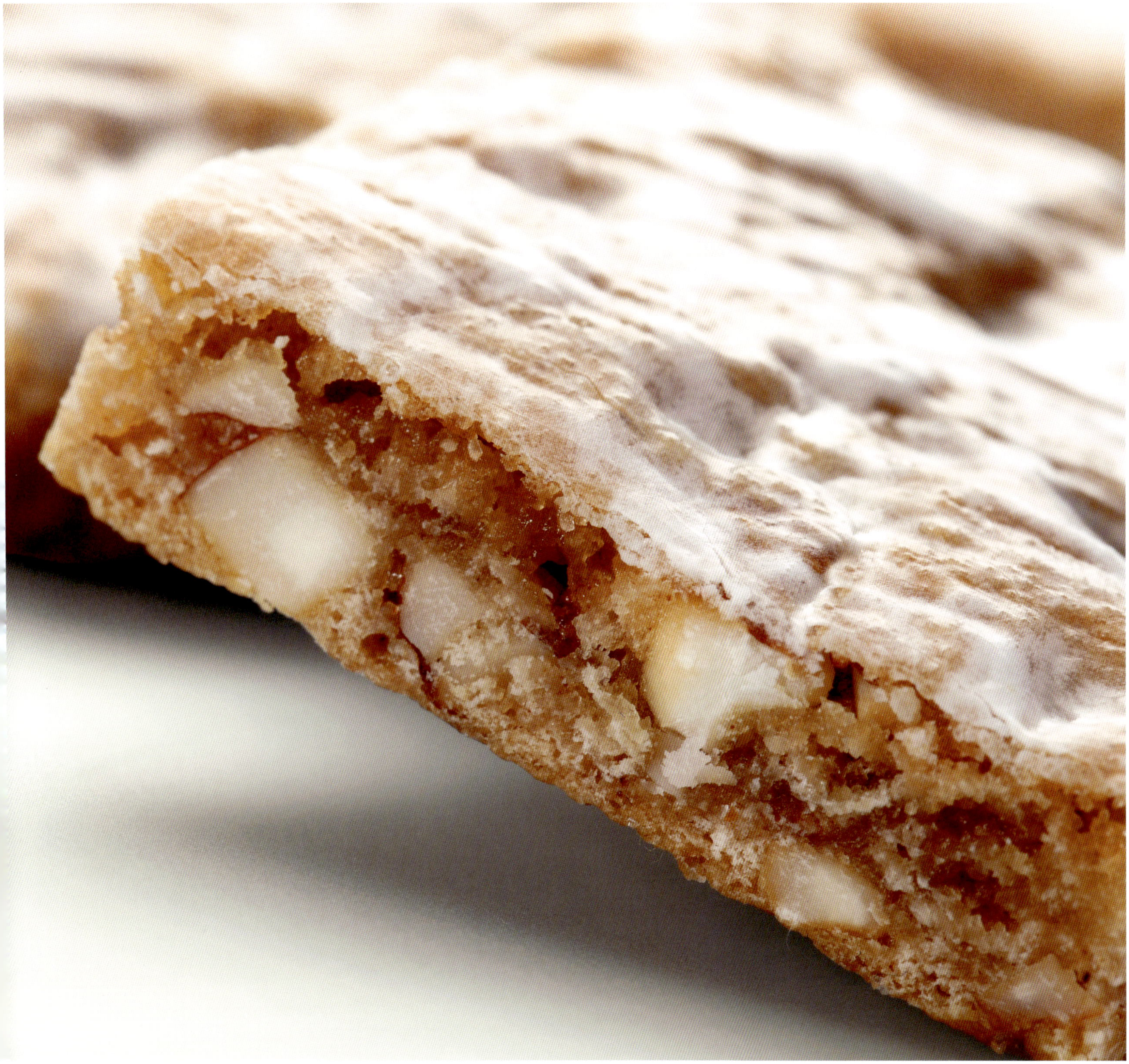

Arbeitstechnik

HONIGTEIGARTEN
Zusammenfassung der drei Herstellungsmethoden:

	 LEBKUCHENTEIG	 BIBERTEIG	 LECKERLITEIG
Eigenschaften	• ungefüllt • mit Triebmittel gelockert • durch die höhere Mehl- und Triebmittelbeigabe entsteht ein luftig-leichtes Gebäck	• gefüllt mit Mandelmasse • traditionell mit Model hergestellt • wenig Triebmittel für schöne Zeichnung	• kompakter gleichmässiger Teig • eher hartes Gebäck • Beigabe von Mandeln, Orangeat und Zitronat • durch den hohen Honig- und Zuckeranteil sind die Leckerli traditionell eher knusprig-hart
Arbeitstechnik	• Den Honig oder das Honig-Zuckergemisch nicht unnötig hoch erwärmen, sonst verflüchtigen sich die Geschmackstoffe. • Wird Honig durch Zucker ersetzt, so bedingt dies eine Beigabe von Wasser (1000 g Honig = 800 g Zucker + 200 g Wasser). • Triebsalz in genügend Flüssigkeit auflösen (1 Teil Triebsalz : 5 Teile Flüssigkeit). • Ein Lagerung des Teiges von 1–8 Tagen wirkt sich positiv aus (Reifungsprozess). • Den durch die Lagerung fest gewordenen Teig in der Reibmaschine geschmeidig reiben (Abstand der Walze = ca. 1–2 cm). • Teigabfälle beim Ausschneiden oder Ausstechen mit frischem Teig vermischen (walzen). • Vor dem Backen mit Milch bestreichen. • Nach dem Backen, solange noch heiss, mit heisser Gummi arabicum Lösung bestreichen oder bespritzen.	• Den Teig etwas fester verarbeiten als für gewöhnliche Lebkuchen. • Den Teig gut in das Model drücken. • Die Füllung aufstreichen oder ausrollen und auflegen. • Gegen die Auskristallisierung der Füllung ein Weichhaltemittel wie Invertzucker, Sorbit, usw. beigeben. • Vor dem Backen mit Milch bestreichen. • Nach dem Backen, solange noch heiss, mit heisser Gummi arabicum Lösung bestreichen oder bespritzen. • Biberteig wird meistens im Holzmodel gepresst. Der Teig wird mit weniger Triebmitteln hergestellt und ist eher fest, damit die Zeichnung beim Backen nicht verläuft. Biberteige ohne Zeichnung werden nach dem Backen dekoriert.	• Das Honig-Zucker-Gemisch erwärmen, um Honig und Zuckerkristalle lösen zu können. • Glasur mit kurzhaariger Bürste mit kreisender Bewegung auf die heissen Gebäcke auftragen. • In leicht warmem Zustand lassen sich die Leckerli besser schneiden.

HINWEISE ZUR VERPACKUNG
Um die Qualität und Frische optimal zu erhalten, ist zur Verpackung eine Folie zu wählen, die weitgehend aromadicht, wasserdampf- und luftundurchlässig ist. Vor dem Verpacken ist darauf zu achten, dass die Gebäcke gut ausgekühlt sind.

WEITERE INFORMATIONEN
Allgemeine und detaillierte Informationen zu Honigteigen finden Sie im Grundlagenbuch Seite 341–347 sowie in Schweizer Konditorei Seite 217–228.

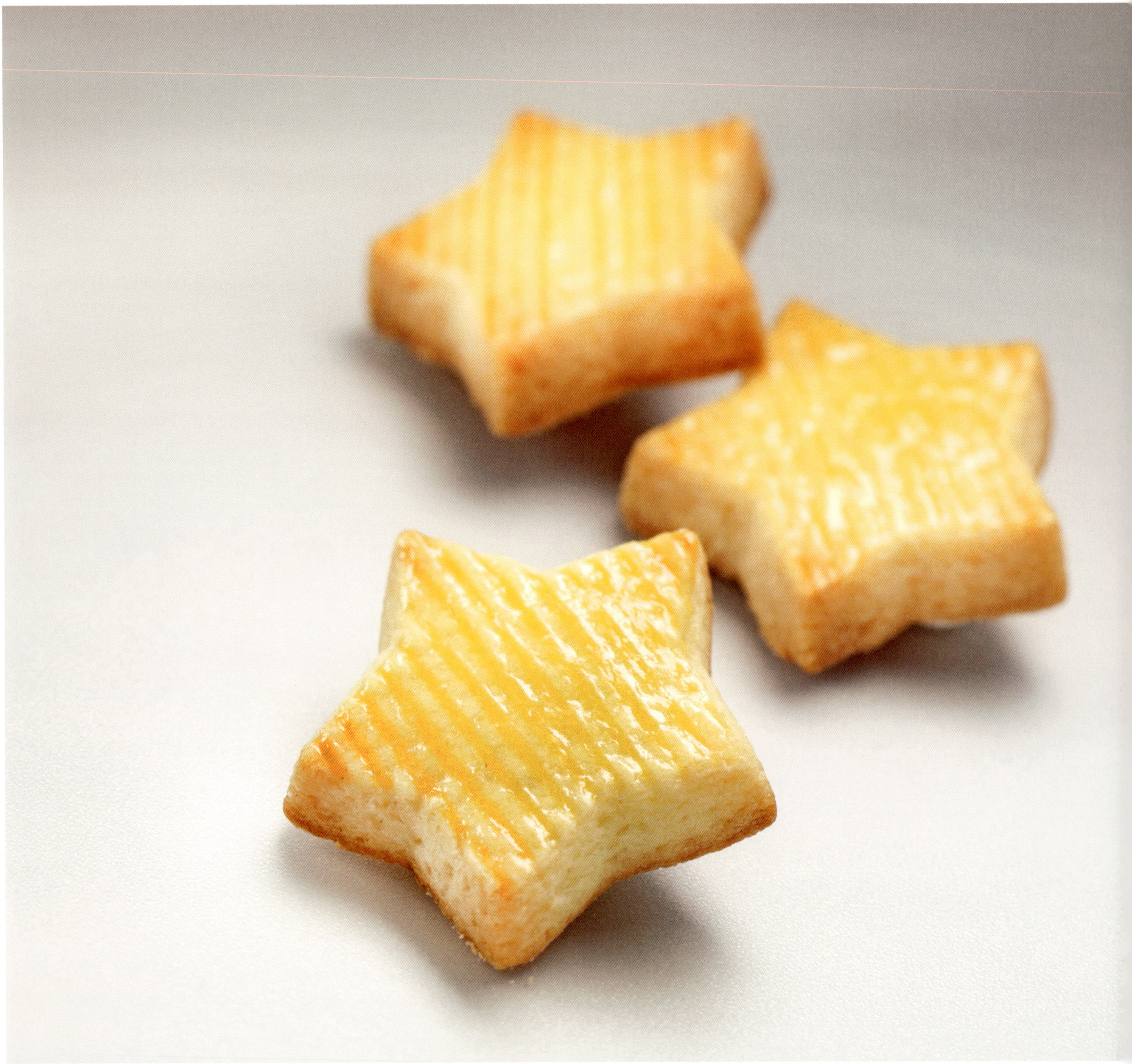

DAS IDEALE PRODUKT
Süsse Butterteige

Mailänderliteig	160
Mürbteig	166
Zuckerteig	168
Arbeitstechnik	170

Mailänderliteig

Rezeptbeispiel

MAILÄNDERLITEIG (2215 G)

500 g	Butter, geschmeidig
500 g	Zucker
200 g	Eier
10 g	Zitronenschale
5 g	Speisesalz
1000 g	Weizenmehl 400

Produktebeschrieb
- Teig: süsser Butterteig
- Form: Stern, Herz, Dreiblatt, usw.
- Oberfläche: glänzend mit Eigelb bestrichen, evtl. gerillt
- Beschaffenheit: mürb, zart

Geschmacksprofil
butterig, leichter Zitronengeschmack

Nährwerte je 100 g
Energiewert 1795 kJ / 429 kcal; Fett 20.0 g; gesät. Fettsäuren 11.0 g; Kohlenhydrate 55.0 g; Zucker 23.0 g; Eiweiss 6.5 g; Salz 0.27 g

Verzeichnis der Zutaten
Weizenmehl, Zucker, **Butter** 23%, **Eier** (CH), Zitronenschale, Speisesalz jodiert

Hinweis
vegetarisch

HERSTELLUNG
1. Butter und Zucker miteinander mischen (nicht schaumig rühren).
2. Speisesalz in den Eiern auflösen und langsam beigeben, damit die Masse nicht greniert.
3. Mehl beigeben und glatt mischen. So wenig wie möglich mischen, damit der Teig nicht zäh wird. Teig in Plastikfolie einpacken und bei 2–5 °C bis zur Weiterverarbeitung lagern.

BACKEN
Ca. 15 Minuten bei 190–200 °C mit offenem Zug backen.

LAGERUNG
Fertige Produkte in verschlossenen Behältern trocken lagern.

---

1 Butter und Zucker mischen

2 Eierbeigabe

3 Mehlbeigabe

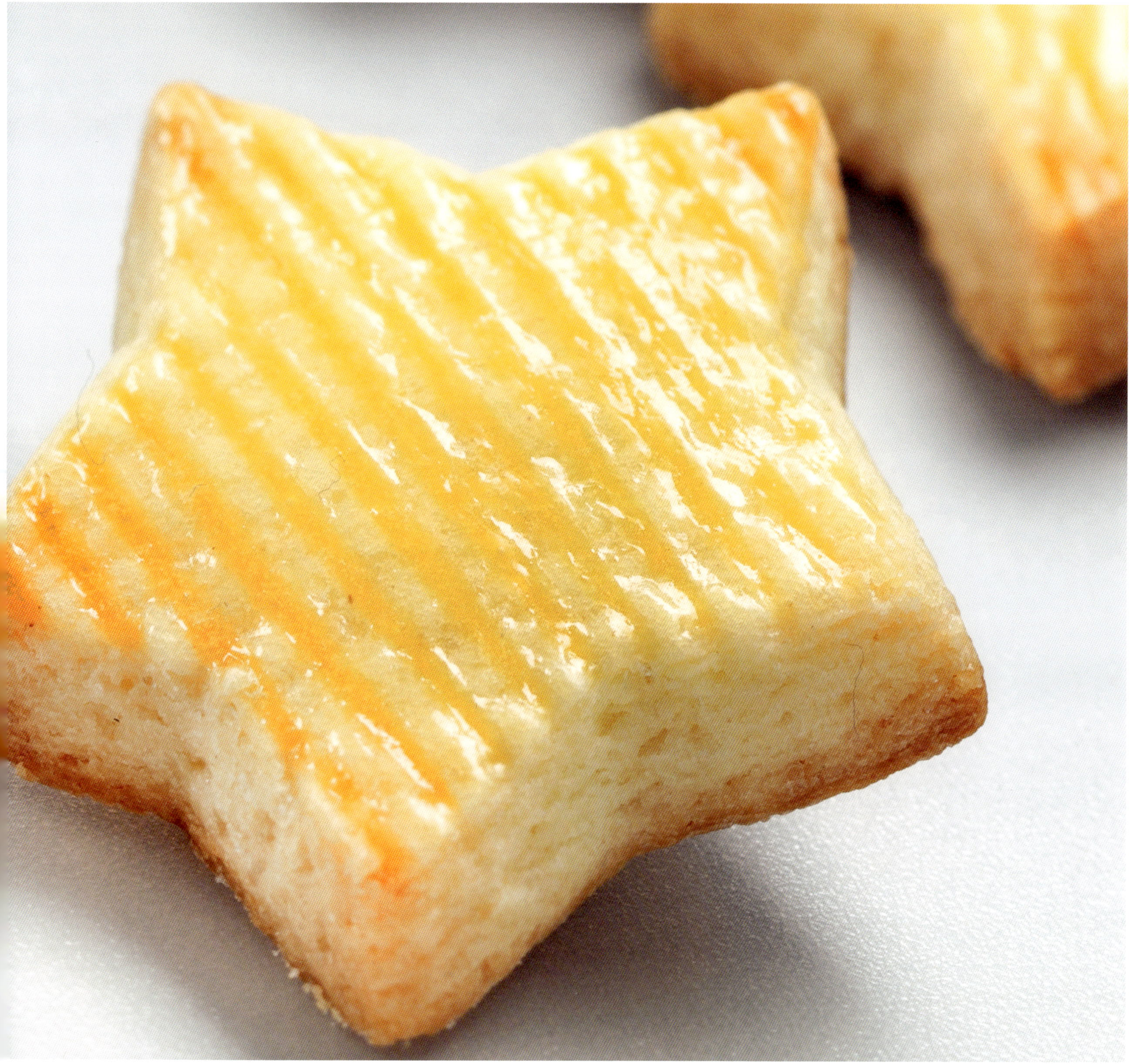

Einflüsse bei der Teigherstellung

ZU STARK GEKNETET

Gebäckform: leicht geschrumpft
Oberfläche: rissig
Wenn der Teig zu stark geknetet wird, entsteht ein zäher Teig, welcher dann beim Backen leicht schrumpft.

ZU FEST DURCHGEARBEITET

Gebäckform: leicht geschrumpft
Oberfläche: rau, rissig
Wenn zu fest durchgearbeitet wird, entsteht ein brandiger Teig. Dieser kann mit sorgfältiger Eiweissbeigabe korrigiert werden.

ZU LANGE GEMISCHT

Gebäckform: viel Trieb, leicht breitlaufend
Oberfläche: gerissen
Durch zu langes Mischen wird der Teig schaumig und weich.

ZU WENIG GEMISCHT

Gebäckform: arttypisch
Struktur: porös, trocken
Wird der Teig zu wenig gemischt, entsteht daraus ein sehr brüchiges Gebäck.

Das ideale Produkt **Konditorei** Süsse Butterteige 163

MIT STARKEM MEHL

Gebäckform: leicht geschrumpft
Oberfläche/Struktur: arttypisch
Ein zu starkes Mehl kann mit 10–20% Weizenstärke gestreckt werden.

MIT SCHWACHEM MEHL

Gebäckform: arttypisch
Struktur: porös
Wenn ein zu schwaches Mehl verarbeitet wird, entsteht ein sehr luftiger Teig, welcher beim Backen porös wird.

MIT STÄRKEANTEIL 50%

Gebäckform: leicht breitlaufend
Struktur: sehr mürbe, brüchig und leicht
Für eine optimale Konsistenz kann maximal 10% des Mehls durch Weizenstärke ersetzt werden. Zu viel Stärkeanteil macht den Teig instabil.

ZU VIEL BUTTER

Gebäckform: breitlaufend, unförmig
Struktur: weich
Bei zu viel Butterbeigabe verflüssigt sich das Fett teilweise während des Knetens und dringt in die Mehlpartikelchen ein. Das Mehl verliert dadurch die Bindefähigkeit.

Einflüsse beim Backen

MIT DAMPF

Oberfläche: matt
Die Eistreiche verläuft auf dem Gebäck. Wenn mit offenem Zug gebacken wird, kann dem entgegengewirkt werden.

MIT ZU VIEL OBERHITZE

Oberfläche: zu dunkle Spitzen
Geschmack: leicht bitter
Zu viel Oberhitze bewirkt, dass die Gebäckoberfläche zu dunkel wird.

MIT ZU VIEL UNTERHITZE

Gebäckboden: dunkel
Geschmack: leicht bitter
Bei zu viel Unterhitze kann mit Doppelblech gebacken werden.

Das ideale Produkt **Konditorei** Süsse Butterteige 165

AUF SILIKONPAPIER GEBACKEN

Gebäckboden: glatt, leichte Blasenbildung
Die Wärmeleitung auf Silikonpapier ist gut.

AUF SILPAINMATTE GEBACKEN

Gebäckboden: strukturiert, gelocht
Die Wärmeleitung auf der Silpainmatte ist gut – allenfalls entsteht ein gelochtes Muster auf dem Gebäckboden.

DIREKT AUF GEFETTETES BLECH GEBACKEN

Gebäckboden: Luftblasen am Boden
Geschmack: Nimmt Geschmack vom Trennmittel an.

Mürbteig

Rezeptbeispiel

MÜRBTEIG (2180 G)

600 g	Butter geschmeidig
400 g	Zucker
15 g	Vanillezucker
160 g	Eier
5 g	Speisesalz
1000 g	Weizenmehl 400

Produktebeschrieb
- Teig: süsser Butterteig
- Form: je nach Wunsch
- Beschaffenheit: mürb, weich, brüchig

Geschmacksprofil
butterig, leichter Vanillegeschmack

Nährwerte je 100 g
Energiewert 1885 kJ/450 kcal; Fett 24.0 g; gesät. Fettsäuren 14.0 g; Kohlenhydrate 52.0 g; Zucker 19.0 g; Eiweiss 6.4 g; Salz 0.27 g

Verzeichnis der Zutaten
Weizenmehl, Butter, Zucker, **Eier** (CH), Staubzucker, Speisesalz jodert, Vanilleschoten

Hinweis
vegetarisch

HERSTELLUNG
1. Butter, Zucker und Vanillezucker miteinander mischen (nicht schaumig rühren).
2. Speisesalz in den Eiern auflösen und langsam beigeben, damit die Masse nicht greniert.
3. Mehl beigeben und glatt mischen. So wenig wie möglich mischen, damit der Teig nicht zäh wird. Teig in Plastikfolie einpacken und bei 2–5 °C bis zur Weiterverarbeitung lagern.

BACKEN
Je nach Anwendungen bei ca. 190–200 °C mit offenem Zug backen.

LAGERUNG
Fertige Produkte in verschlossenen Behältern trocken lagern.

1 Butter und Zucker mischen

2 Eierbeigabe

3 Mehlbeigabe

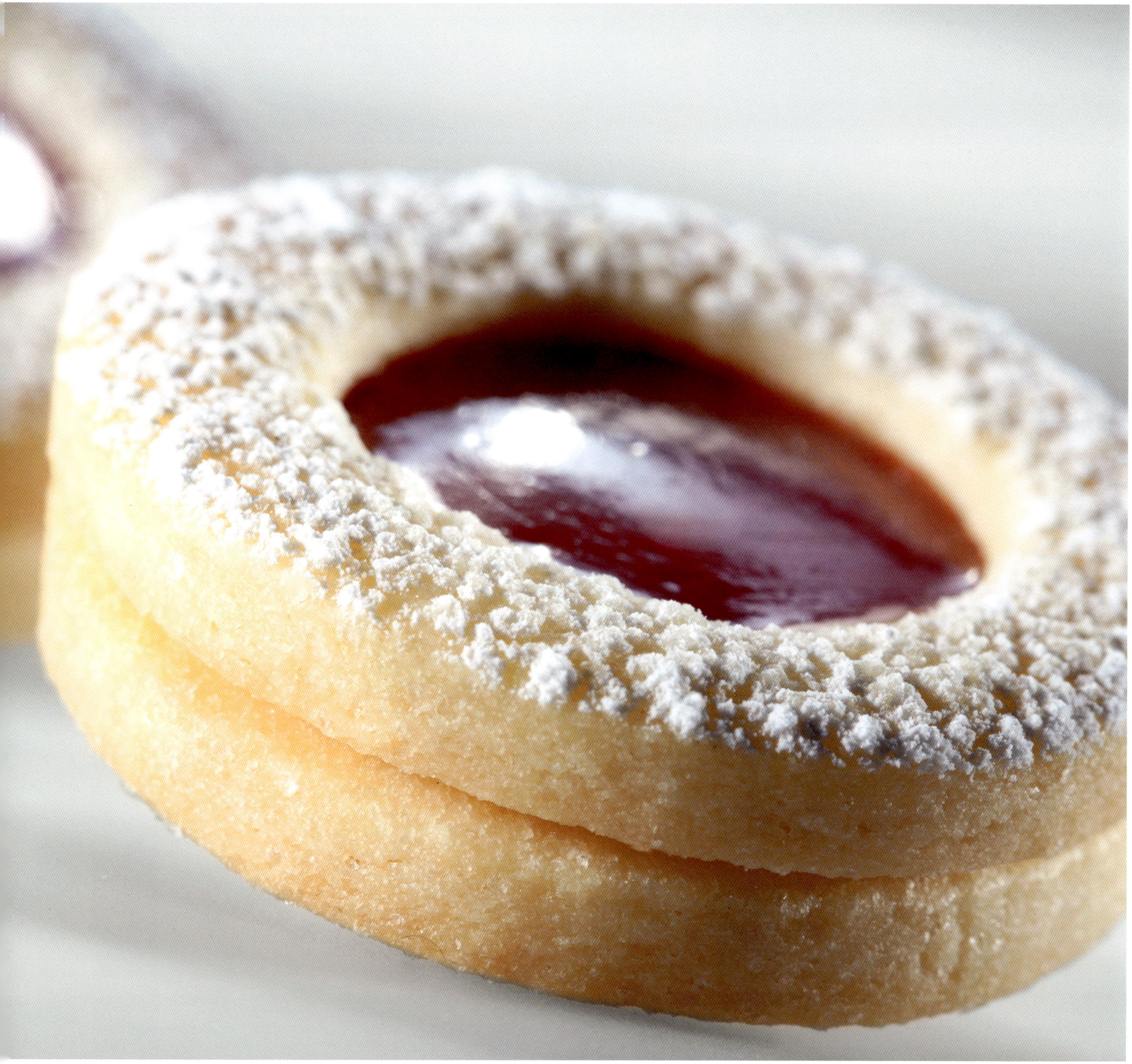

Zuckerteig

Rezeptbeispiel

ZUCKERTEIG (2260 G)

350 g	Butter, geschmeidig
650 g	Zucker
240 g	Eier
15 g	Zitronenschale
5 g	Speisesalz
800 g	Weizenmehl 400
200 g	Weizenstärke

Produktebeschrieb
- Teig: süsser Butterteig
- Form: je nach Wunsch
- Beschaffenheit: mürb, weich, brüchig

Geschmacksprofil
butterig, leichte Zitronennote

Nährwerte je 100 g
Energiewert 1706 kJ / 407 kcal; Fett 14.0 g; gesät. Fettsäuren 8.0 g; Kohlenhydrate 63.0 g; Zucker 30.0 g; Eiweiss 5.7 g; Salz 0.3 g

Verzeichnis der Zutaten
Weizenmehl, Zucker 29 %, **Butter, Eier, Weizenstärke,** Zitronenschale, Speisesalz jodiert

Hinweis
vegetarisch

HERSTELLUNG
1. Butter und Zucker miteinander mischen (nicht schaumig rühren).
2. Speisesalz in den Eiern auflösen und langsam beigeben, damit die Masse nicht greniert.
3. Mehl und Weizenstärke beigeben und glatt mischen. So wenig wie möglich mischen, damit der Teig nicht zäh wird. Teig in Plastikfolie einpacken und bei 2–5 °C bis zur Weiterverarbeitung lagern.

BACKEN
Je nach Anwendungen bei ca. 190 – 200 °C mit offenem Zug backen.

LAGERUNG
Fertige Produkte in verschlossenen Behältern trocken lagern.

1 Butter und Zucker mischen
2 Eierbeigabe 
3 Mehlbeigabe

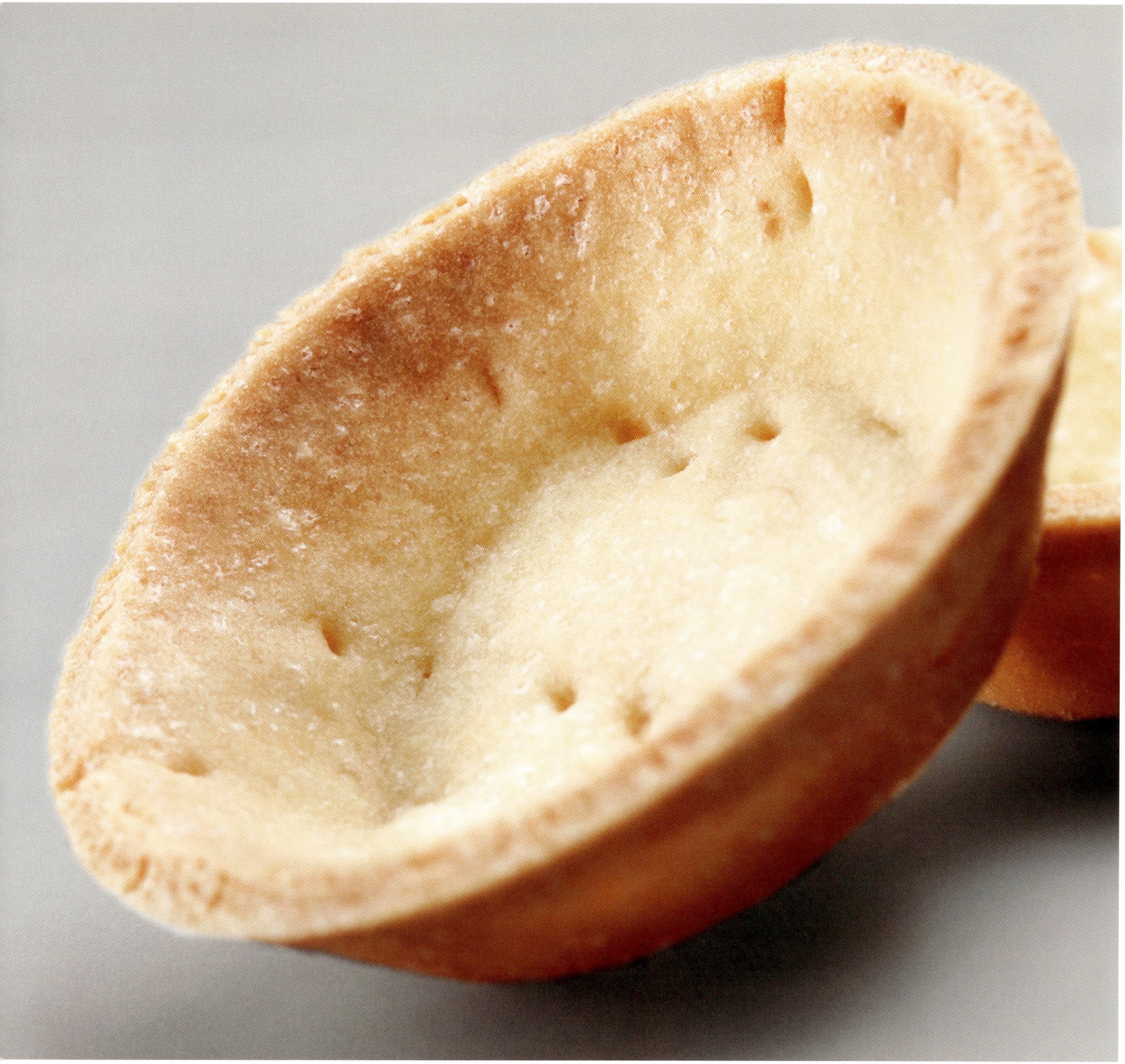

Arbeitstechnik

SÜSSE BUTTERTEIGE
Die Herstellung von Mailänderli-, Mürb- oder Zuckerteig ist identisch.

	MAILÄNDERLITEIG	MÜRBTEIG	ZUCKERTEIG
Rezeptaufbau	Enthält gleich viel Butter wie Zucker. Die Butterbeigabe entspricht der Hälfte der Mehlmenge.	Die Butterbeigabe ist höher als das Zuckergewicht. Die Eierbeigabe reduziert sich, weil die Buttermenge höher ist als die Hälfte der Mehlmenge. Der Teig würde sonst zu weich werden.	Die Zuckermenge ist höher als die Buttermenge. Die Eierbeigabe wird erhöht, weil die Buttermenge kleiner ist als die Hälfte der Mehlmenge (mehr Trockensubstanz).
Eierbeigabe	Summe der Butter-, Zucker- und Mehlmenge, dividiert durch 10 entspricht der Eierbeigabe.	Für 25 g mehr Butter werden 10 g weniger Ei beigegeben.	Für 25 g weniger Butter werden 10 g mehr Ei beigegeben.
Rezeptbeispiel	500 g Butter 500 g Zucker 1000 g Mehl 2000 g : 10 = 200 g +/− 0 g **200 g Eier**	600 g Butter 400 g Zucker 1000 g Mehl 2000 g : 10 = 200 g − 40 g **160 g Eier**	400 g Butter 600 g Zucker 1000 g Mehl 2000 g : 10 = 200 g + 40 g **240 g Eier**

WEITERE ZUTATEN

Beigaben, die ohne Rezeptänderung möglich sind
- Grob gehackte Nüsse, Kerne, confierte oder getrocknete Früchte (20–30 % der Gesamtmenge)
- Mandelmasse, Haselnussmasse (bis 50 % der Gesamtmenge)
  → *die Festigkeit derselben muss mit der Teigfestigkeit übereinstimmen*
- Couverture, Kakaoblock (5–15 % der Gesamtmenge)
  → *mit Wasser oder Sirup zu einer eher festen Ganache anrühren*
- Biscuitbrösel (nicht höher als die Zuckermenge)
  → *mit Milch anrühren bis sie Teigfestigkeit aufweist*

Beigaben, die eine Rezeptänderung verlangen
- Kakaopulver (5–10 % der Gesamtmenge)
  → *die beizugebende Menge vom Mehlgewicht abziehen*
- Feingemahlene Nüsse oder Kerne (nicht höher als das Zuckermenge)
  → *je nach Kernenanteil, zum Ausgleich der Konsistenz 10% Eier beigeben*

WICHTIGE HINWEISE
- Butter geschmeidig verarbeiten, Eier Raumtemperatur.
- Mehl erst beigeben, wenn Butter, Zucker und Eier gut vermischt sind.
- Nur solange kneten, bis alle Zutaten gut vermischt sind.
- Vor dem Weiterverarbeiten den Teig kühlstellen.
- Bei fettreichen Teigen (z.B. Sablé) Kristallzucker durch Puderzucker ersetzen.
- Fettarme Teige, d.h. Teige mit hohem Milch/Wasseranteil, mit Triebmittel lockern.
- Pro Kilo Mehl ca. 10 g Triebsalz in Milch auflösen oder ca. 20 g Backpulver mit dem Mehl absieben.
- Triebmittel darf nicht direkt mit dem Fettstoff in Berührung kommen (Gefahr einer eventuellen Verseifung).

WEITERE INFORMATIONEN
Allgemeine und detaillierte Informationen zu süssen Butterteigen finden Sie im Grundlagenbuch Seite 348–352 sowie in Schweizer Konditorei Seite 44–47.

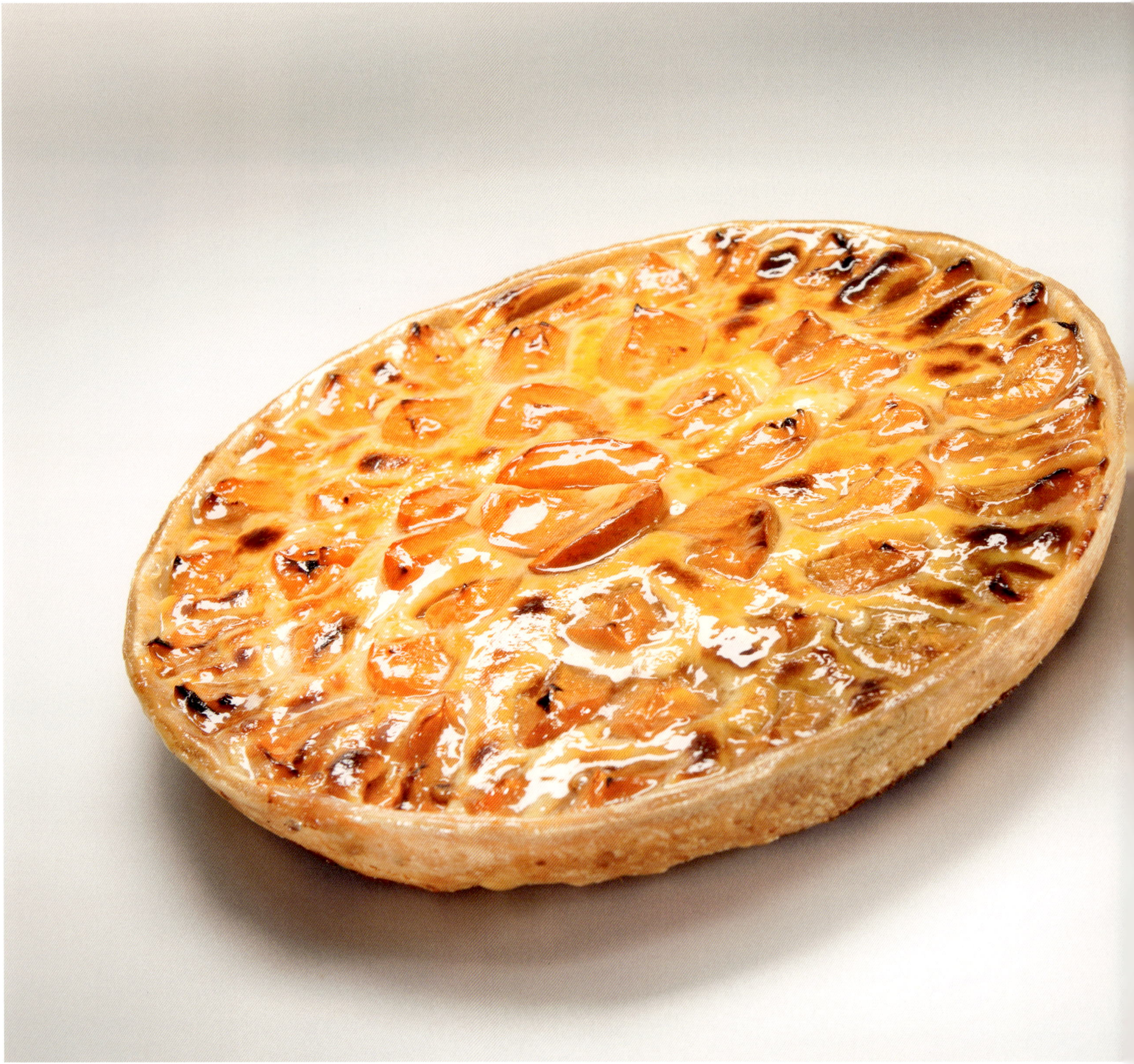

DAS IDEALE PRODUKT
Geriebene Teige

Kuchenteig	174
Pastetenteig	180
Arbeitstechnik	182

Kuchenteig

Um eine kurze, mürbe Gebäckstruktur zu erreichen, wird bei diesem Teig das Mehl mit dem Fettstoff verrieben.

Kuchenteig wird für süsse und gesalzene Wähen, sowie für diverses Snackartikel eingesetzt.

Rezeptbeispiel

KUCHENTEIG (1880 G)

1000 g	Weizenmehl 400
500 g	Butter
350 g	Wasser
15 g	Flüssigmalz aktiv, im Wasser aufgelöst
15 g	Speisesalz, im Wasser aufgelöst

Produktebeschrieb
- Teig: geriebener Teig
- Form: je nach Wunsch
- Beschaffenheit: mürb, kurz

Geschmacksprofil
butterig, leicht salzig

Nährwerte je 100 g
Energiewert 1623 kJ/388 kcal; Fett 22.0 g; gesät. Fettsäuren 13.0 g; Kohlenhydrate 39.0 g; Zucker 0.7 g; Eiweiss 6.5 g; Salz 0.81 g

Verzeichnis der Zutaten
Weizenmehl, Butter, Wasser, Speisesalz jodiert, **Gerstenmalzextrakt**

Hinweis
vegetarisch

HERSTELLUNG
1. Mehl und Butter gut miteinander verreiben.
2. Speisesalz und Flüssigmalz in der Flüssigkeit auflösen.
3. Alles der Mehl-Buttermischung beigeben und kurz zu einem Teig mischen (nicht kneten). Den Teig vor der Weiterverarbeitung bei 2–5 °C abstehen lassen.

BACKEN
Je nach Anwendung bei 200–230 °C mit guter Unterhitze im dampffreien Ofen backen.

LAGERUNG
Gut verpackt bei 2–5 °C für eine Woche oder bis 4 Wochen bei –18 °C.

1 Reiben

2 Flüssigkeitsbeigabe

3 Kurz mischen

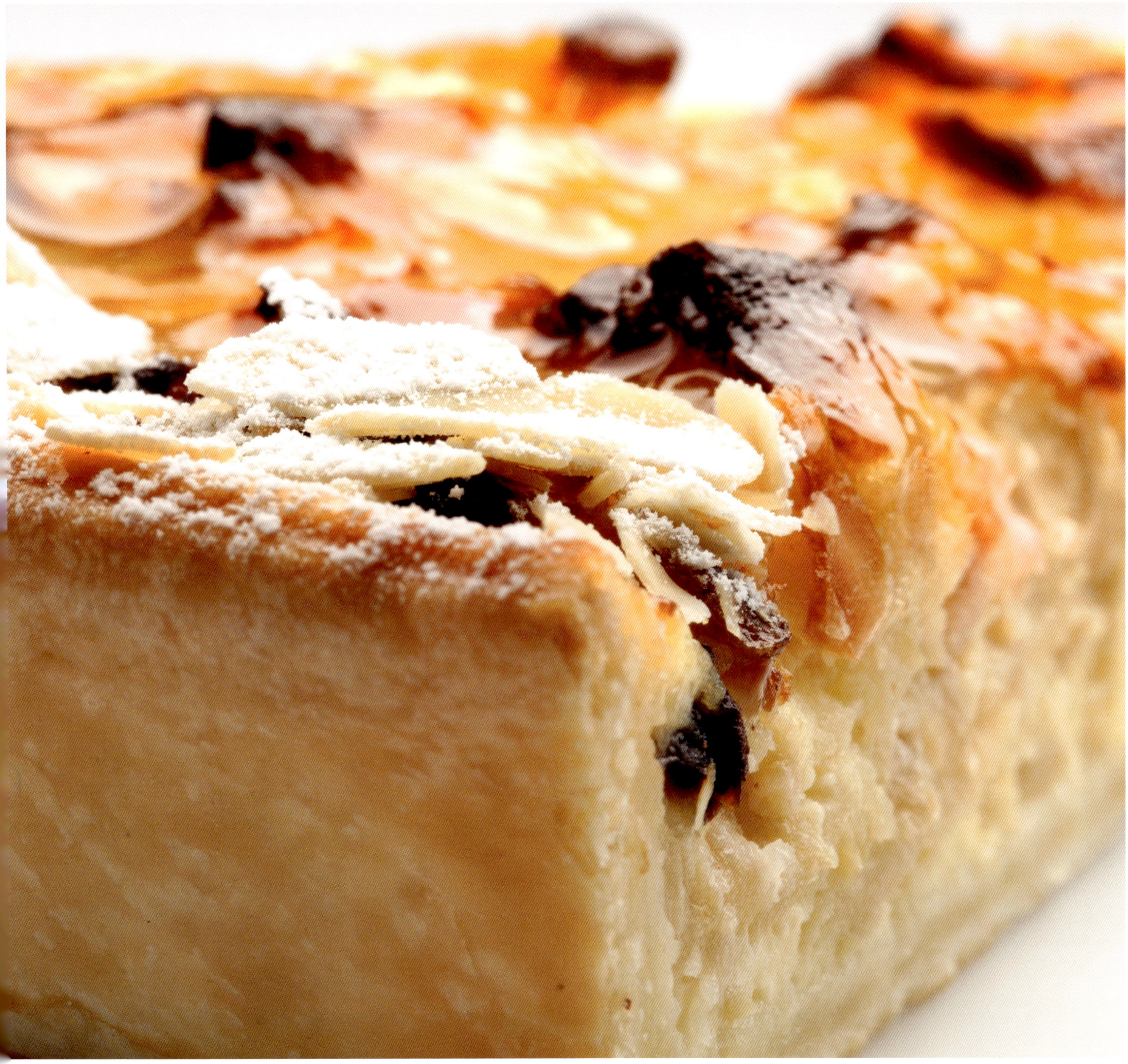

Einflüsse bei der Teigherstellung

GEMÄSS REZEPTBEISPIEL

Gebäckfarbe: regelmässig
Struktur: kurz, mürb, knusprig, luftig, stabil und blätterig

ALLE ZUTATEN ZUSAMMEN GEMISCHT

Gebäckfarbe: dunkel
Struktur: lang, elastisch, kompakt, weich, wenig Trieb
Durch die intensive Bearbeitung der Rohstoffe wird der Teig elastisch.
Die kompakte Teigstruktur fördert die Wärmeleitung und somit die Färbung.

MIT STARKEM MEHL

Gebäckfarbe: regelmässig
Struktur: lang, kompakt, weich, wenig Trieb
Starkes Mehl bewirkt, dass der Teig kompakter und weniger blätterig wird.

MIT SCHWACHEM MEHL

Gebäckfarbe: schwach
Struktur: kurz, kompakt, kein Trieb
Schwaches Mehl ist glutenarm und hat deshalb zu wenig Kraft für eine optimale Teigentwicklung.

MIT MILCH

Gebäckfarbe: regelmässig
Struktur: kurz, blätterig, brüchig, knusprig
Das zusätzliche Milchfett verursacht einen brüchigen Teigboden.

MIT BACKPULVER

Gebäckfarbe: schwach
Struktur: kurz, blätterig, knusprig, mittlere Trieb
Der Einsatz von Backpulver in geriebenen Teigen hat keine positiven Einflüsse auf den Teigboden.

Einflüsse beim Weiterverarbeiten

INTENSIV BEARBEITET UND AUSGEROLLT

Gebäckfarbe: regelmässig
Struktur: lang, kompakt, teigig, unregelmässiger Trieb
Durch das intensive Bearbeiten und Ausrollen wird der Teig instabil und entwickelt einen unregelmässigen Trieb.

IN EINE RICHTUNG AUSGEROLLT

Gebäckfarbe: regelmässig
Struktur: lang, kompakt, wenig Trieb
In eine Richtung ausgerollter Teig ist beim Backen zu wenig stabil und zieht sich in der Länge zusammen (ovale Gebäckform).

ZU DICK AUSGEROLLT

Gebäckfarbe: regelmässig
Struktur: kurz, kompakt, zu massig
Zu dick ausgerollte Teige haben negative Auswirkungen auf Geschmack, Struktur und Beschaffenheit des Produktes.

NICHT GESTUPFT

Gebäckfarbe: regelmässig
Struktur: kompakt, Luftlöcher am Boden
Bei nicht gestupften Teigen findet keine Luftzirkulation statt: der Dampf kann nicht entweichen und es entstehen deshalb Luftlöcher.

Das ideale Produkt **Konditorei** | Geriebene Teige 179

IM SCHWARZBLECH AUSGELEGT

Gebäckfarbe: regelmässig
Struktur: kurz, mürb, luftig
Im Schwarzblech ausgelegte Teige verursachen einen leicht metalligen Geschmack.

IM SCHWARZBLECH AUSGELEGT, 2 WOCHEN IM KÜHLSCHRANK

Bei längerer Abstehzeit auf dem Schwarzblech oxidiert der Teig und ist nicht mehr brauchbar.

Pastetenteig

Im Unterschied zum Kuchenteig werden dem Pastetenteig immer Eier oder Eigelb beigegeben. Die Herstellungsmethode ist identisch mit dem Kuchenteig.

Der Pastetenteig wird für grosse und kleine Pasteten, sowie Kuchen und Törtchen mit Fleisch-, Fisch- oder Gemüsefüllung eingesetzt.

Rezeptbeispiel
PASTETENTEIG (1890 G)

1000 g	Weizenmehl 400
500 g	Butter
200 g	Wasser
75 g	Eier
75 g	Eigelb
20 g	Flüssigmalz aktiv, im Wasser aufgelöst
20 g	Speisesalz, im Wasser aufgelöst

Produktebeschrieb
- Teig: geriebener Teig mit Eier oder Eigelb
- Form: je nach Wunsch
- Beschaffenheit: mürb, kurz

Geschmacksprofil
butterig, leicht salzig

Nährwerte je 100 g
Energiewert 1694 kJ/405 kcal; Fett 24.0 g; gesät. Fettsäuren 13.0 g; Kohlenhydrate 39.0 g; Zucker 0.7 g; Eiweiss 7.6 g; Salz 1.1 g

Verzeichnis der Zutaten
Weizenmehl, **Butter** 26 %, Wasser, **Eigelb** (CH), **Eier** (CH), Speisesalz jodiert, **Gerstenmalzextrakt**

Hinweis
vegetarisch

HERSTELLUNG
1. Mehl und Butter gut miteinander verreiben.
2. Speisesalz und Flüssigmalz in der Flüssigkeit auflösen.
3. Zusammen mit Eier und Eigelb der Mehl-Buttermischung beigeben und kurz zu einem Teig mischen (nicht kneten).
   Den Teig vor der Weiterverarbeitung bei 2–5 °C abstehen lassen.

BACKEN
Je nach Anwendung zuerst heiss bei 210–230 °C anbacken und danach bei 180–190 °C fertig backen.

LAGERUNG
Bei 2–5 °C.

1 Reiben

2 Flüssigkeitsbeigabe

3 Kurz mischen

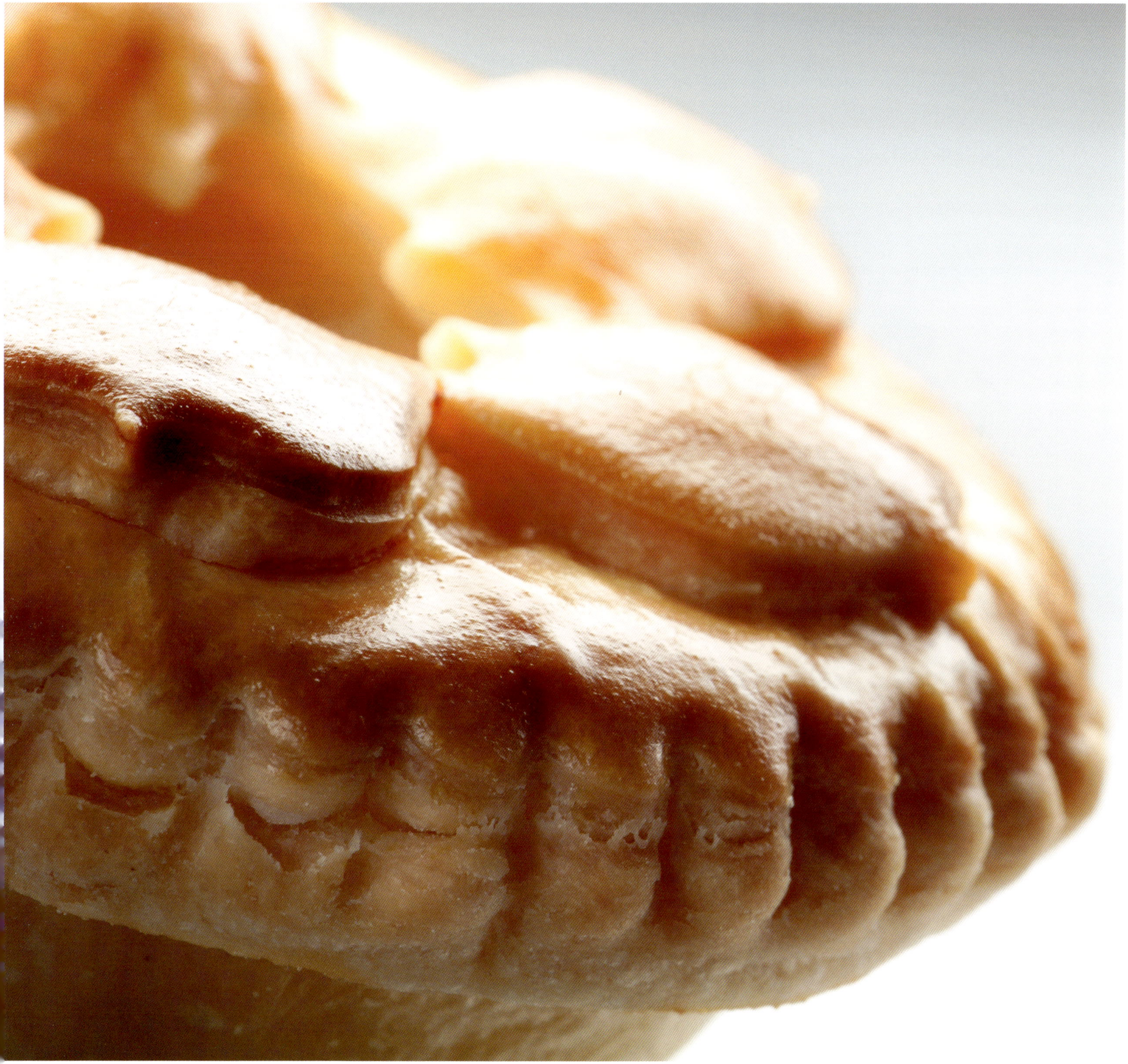

Arbeitstechnik

GERIEBENE TEIGE
Die Herstellung von Kuchen- und Pastetenteig ist identisch.

KUCHENTEIG
Wird die Butter nur leicht mit dem Mehl verrieben (kleine Butterklümpchen noch sichtbar), entsteht eine leicht blättrige Struktur beim Gebäck.

PASTETENTEIG
Durch die Eigelbbeigabe (Lecithin) wird die Teigstruktur plastischer und es entsteht eine intensivere Färbung.

WICHTIGE HINWEISE
Kuchenteig
- Auf gefettetes Blech legen.
- Gut stupfen.
- Für süsse Wähen Boden mit gemahlenen Nüssen, Biscuitbrösel oder Paniermehl bestreuen.
- Nicht zu saftige Früchte verwenden.
- Nach dem Einfüllen des Gusses sofort backen.
- Für salzige Wähen das Gemüse gut andünsten um eine zu starke Saftbildung zu verhindern.

Pastetenteig
- Ein unkontrolliertes Backen kann den Schmelz der Farce beeinträchtigen (Eiweiss koaguliert, das für den Schmelz verantwortliche Fett läuft aus).
- Die Kerntemperatur der Pastete hängt von der Fleischsorte ab.
- Die Farce sollte nach dem Backen Raumtemperatur aufweisen, damit sie mit dem Sulz eine Verbindung eingeht.
- Pasteten nach dem Backen ausformen und auf Gitter abkühlen lassen.

WEITERE INFORMATIONEN
Allgemeine und detaillierte Informationen zu geriebenen Teigen finden Sie im Grundlagenbuch Seite 353–355 sowie in Snacks Seite 136–160.

Geriebene Teige

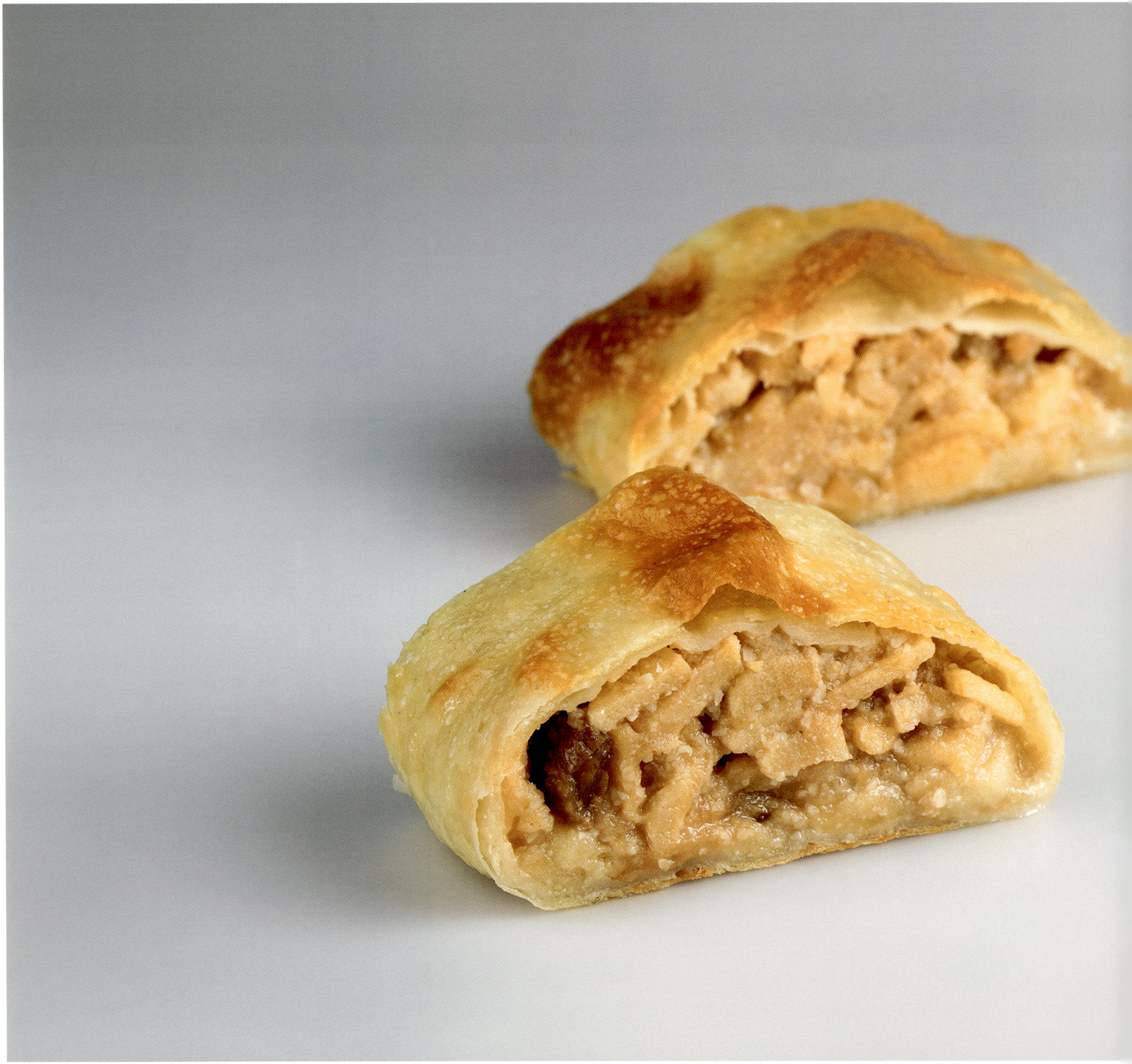

DAS IDEALE PRODUKT
Strudelteig

Strudelteig	186
Arbeitstechnik	191

Strudelteig

Typisch für Strudelteige ist die einfache Rezeptur: durch Ölbeigabe und das intensive Kneten lässt er sich ganz dünn ausziehen.

Der Strudelteig kann auf Vorrat hergestellt und bei −18 °C gelagert werden. Um ein Austrocknen zu vermeiden, werden die Teiglinge in Plastik abgepackt.

Rezeptbeispiel

STRUDELTEIG (1640 G)

1000 g	Weizenmehl	
520 g	Wasser	
10 g	Flüssigmalz aktiv, im Wasser aufgelöst	
100 g	Rapsöl	
10 g	Speisesalz	

Produktebeschrieb
- Teig: Strudelteig
- Form: längliche Rolle
- Oberfläche: blätterig, leicht braun gefärbt
- Beschaffenheit: Teig knusprig

Geschmacksprofil
butterig, leicht salzig

Nährwerte je 100 g
Energiewert 1123 kJ/268 kcal; Fett 6.7 g; gesät. Fettsäuren 0.5 g; Kohlenhydrate 44.0 g; Zucker 0.6 g; Eiweiss 7.2 g; Salz 0.61 g

Verzeichnis der Zutaten
Weizenmehl, Wasser, Rapsöl, Speisesalz jodiert, **Gerstenmalzextrakt**

Hinweis
vegetarisch, laktosefrei

HERSTELLUNG

1. Weizenmehl, Wasser und Flüssigmalz mischen. Nach 1–2 Minuten Rapsöl beigeben und weitere 6–8 Minuten mischen. Gegen Ende der Mischzeit das Salz beigeben.
2. Den Teig während 3–6 Minuten plastisch auskneten.
3. Um die Dehnbarkeit zu prüfen, wird ein Stück Teig dünn ausgezogen.
4. Den Teig nach dem Kneten portionieren, rundwirken und die Oberfläche der Teigstücke mit Öl bestreichen. Teiglinge bei 2–5 °C mindestens 60 Minuten bis zur Weiterverarbeitung ruhen lassen.

LAGERUNG
Bei 2–5 °C oder bei −18 °C lagern.

1 Mischen 2 Kneten 3 Konsistenzkontrolle 4 Mit Öl bestreichen

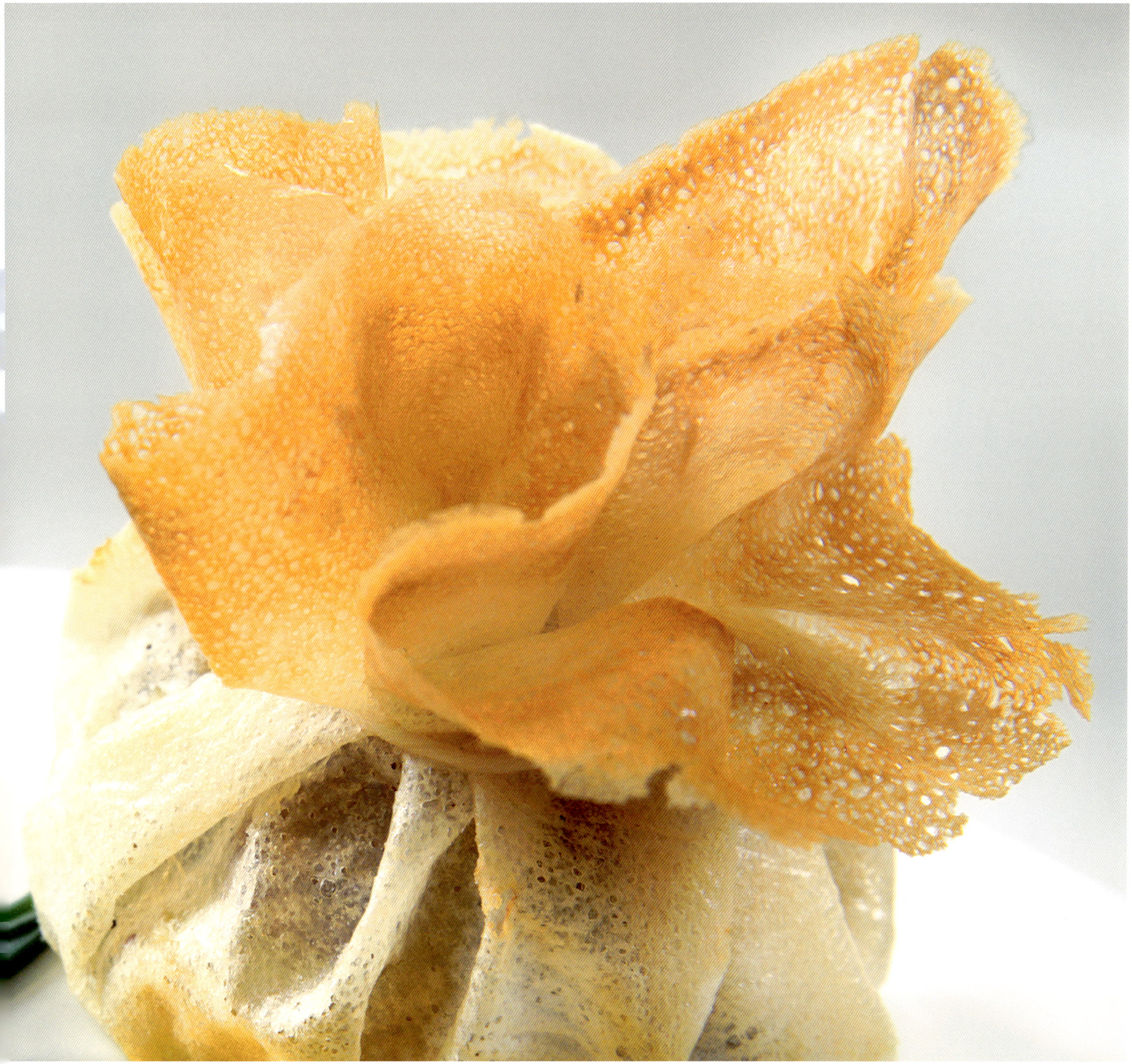

Einflüsse bei der Teigherstellung

MIT STANDARD-MEHL 400

Oberfläche: regelmässig, rau
Struktur: knusprig, stabil
Es entsteht ein sehr elastischer Teig, welcher optimal verarbeitet werden kann. Der Strudel wird deshalb sehr stabil und verliert seine Form auch beim Backen nicht.

MIT SCHWACHEM MEHL

Oberfläche: unregelmässig, blätterig
Struktur: teigig, instabil
Der Teig weist eine kürzere Struktur auf und ist deshalb zum Verarbeiten sehr heikel. Es besteht die Gefahr, dass der Teig beim Ziehen reisst. Anschliessend zieht er sich wieder zusammen und der Strudel bleibt damit leicht teigig.

MIT STARKEM MEHL

Oberfläche: regelmässig, rau
Struktur: knusprig, stabil
Mit starkem Mehl braucht der Teig vor der Verarbeitung eine etwas längere Ruhezeit. Es empfiehlt sich, in zwei Etappen auszurollen bevor der Teig auseinandergezogen wird. Danach entsteht ein sehr schöner Strudel.

TEIG ZU WENIG GEKNETET

Oberfläche: mit Luftblasen, rau
Struktur: teigig, instabil
Der Gluten wird zu wenig angeregt, dadurch ist der Teig sehr instabil: er verläuft beim Backen ein wenig und bleibt sehr teigig.
Der Spielraum bei den Misch- und Knetzeiten ist trotzdem sehr breit.

Einflüsse beim Backen

AUF SILPATMATTE GEBACKEN

Oberfläche: regelmässig, rau
Struktur: knusprig, stabil
Der Strudelboden benötigt beim Gebrauch einer Silpatmatte eine zu lange Durchback-Zeit. Dadurch wird die Oberfläche zu dunkel und zu hart. Die Backtemperaturen müssen nach unten angepasst werden.
Als Backunterlage eignet sich Silikonpapier am besten.

AUF DRUCKAUSSCHUSSPAPIER GEBACKEN

Oberfläche: regelmässig, rau
Struktur: knusprig, stabil
Das Backen auf Druckausschusspapier hat keinen Einfluss auf Oberfläche und Struktur des Strudels, ist aber ungeeignet, weil das Papier am Produkt kleben bleibt.

IN EINER FORM GEBACKEN

Oberfläche: regelmässig, rau
Struktur: teigig, kompakt
Eine optimale Wärmeverteilung ist beim Backen in einer Form nicht gegeben. Der Strudel bleibt sehr teigig und kompakt, der Teig hat nur sehr wenig Trieb.

ZU KALT GEBACKEN, 190 °C

Oberfläche: breitlaufend, blätterig
Struktur: teigig, instabil
Bei zu kalter Backtemperatur verkrustet sich die Teigoberfläche zu langsam. Mit der längeren Backzeit bildet sich dann zu viel Dampf durch die Früchte, was zu einem seitlichen Ausriss führt.

ZU WARM GEBACKEN, 250 °C

Oberfläche: regelmässig, rau
Struktur: knusprig, stabil
Nachteile bei zu warmen Backen sind, dass die Oberfläche sehr hart wird und das Gebäck beim Schneiden zerbrechlich ist.

Arbeitstechnik

Der Strudel ist ursprünglich eine längliche Rolle aus dünn gezogenem Teig mit Apfelfüllung. Daraus lassen sich viele Varianten auch im gesalzenen Bereich ableiten.

Rezeptbeispiel
Im Richemont-Fachbuch «Snacks» finden Sie ab Seite 44 Rezepte für Füllungen sowie Anleitungen für Strudelvarianten.

HERSTELLUNG
1. Ein Tuch leicht mit Mehl bestauben.
2. Teigstücke auf der Ausrollmaschine 1.7 mm dick ausrollen und auf das vorbereitete Tuch abrollen. Nach kurzer Abstehzeit beidseitig den Teig ausziehen.
3. Die Teigoberfläche mit flüssiger Butter bestreichen. Dies verhindert das Austrocknen und der Teig wird beim Backen knusprig.
4. Je nach Füllung in Form portionieren oder auf den Teig verteilen. Mit Hilfe des Tuches den Rand links und rechts einschlagen und den Strudel aufrollen. Strudel mit Verschluss nach unten auf Blech mit Silikonpapier abrollen und mit flüssiger Butter bestreichen. Direkt backen oder kurz anfrieren, abpacken und im Tiefkühler auf Vorrat lagern.

BACKEN
Gefrorene Strudel bei 240 °C
Gekühlte Strudel   bei 220 °C

Während des Backens nochmals mit flüssiger Butter bestreichen, damit der Teig knuspriger wird. Durch den Backprozess wird die Teighülle knusprig, und der Strudel erhält seine Stabilität.

LAGERUNG
Bei 2–5° C oder bei –18° C lagern.

> **WEITERE INFORMATIONEN**
> Allgemeine und detaillierte Informationen zu Strudel finden Sie im Grundlagenbuch auf den Seiten 356–357, 586–587 sowie in «Snacks» Seiten 38–50.

1 Vorbereitung
2 Vorrollen und ausziehen 
3 Mit Butter bestreichen 
4 Teig einrollen